بوابة البوابات

معاذ العوفي
فيليب كاردينال

بوابة البوابات

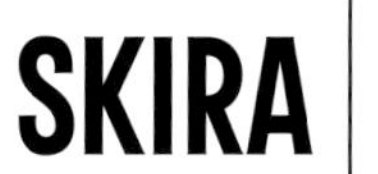
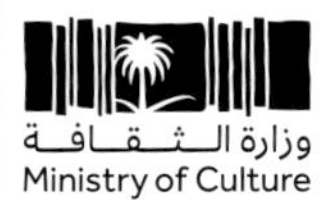
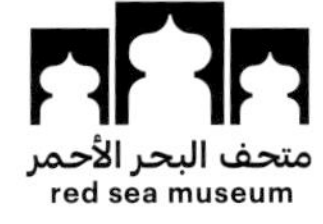

يُقام معرض "بوابة البوابات" في متحف البحر الأحمر، الذي تم افتتاحه من قبل هيئة المتاحف التابعة لوزارة الثقافة بالمملكة العربية السعودية في عام 2025.

صاحب السمو الأمير بدر بن عبد الله بن محمد بن فرحان آل سعود
وزير الثقافة

معالي الأستاذ حامد بن محمد فايز
نائب وزير الثقافة

الفنان
معاذ العوفي

القيم الفني
فيليب كاردينال

التصميم السينوغرافي
ناتالي كرينير، ماتيو سوايه، مايليس شيفيلو

التصميم والإشراف
آن جافرينو، آن فريزيه، تيفين ماساري، حبيب غزيري، بهاء حسون

تصميم الإضاءة
فرانسوا روبينيان، ماريكار بوستامانتيه، إيريكا سولورزانو

الإنتاج
سامر البزري، ميليو غانم، ليه بودينغتون، مازن رحال

الطباعة
راكيل راموس، لوران بوان

التصميم وعرض الأعمال
فيكتور غويديس، جوزييه روخا

تجهيز المعرض
مارينا لاغوس، إيسي غوناي

الخدمات اللوجستية والشحن
فيليب دا سيلفا، فيليب بيانفونو، جيريمي مارجيتاي، ماري بوافرييه

الحفظ والصيانة
خورخيه ماميديه، فانيا آسيس، كارولينا فينتورا

متحف البحر الأحمر

إيمان زيدان
مديرة متحف البحر الأحمر

ضحى أبو العينين
إدارة المقتنيات الفنية

جبرالدين هيبراس، يسر الخطيب
إدارة المعارض والبرامج

هيئة المتاحف

مى خزندار
الرئيسة التنفيذية

إبراهيم السنوسي
المدير العام لتطوير المتاحف والأصول الثقافية

د. سيلفان فورت
مدير عام المتاحف والأصول الثقافية

د. جنى جبور
مديرة إدارة التواصل

هاجر آدم
أخصائي أول، قسم النشر

د. فيرجينيا كاسولا
مديرة مجموعات المقتنيات

نزار إبراهيم
مدير التصميم المعماري والتخطيط

سلوى عبدالله سمرقندي
مديرة فريق التصميم المعماري

عبد الله الشريف
مدير مشروع الخدمات المشتركة

حنين صابر
أخصائي أول للخدمات المشتركة

عيسى الخالدي
مدير مكتب إدارة المشاريع

حسين العباد
مدير إدارة الخدمات اللوجستية والعمليات التشغيلية

عبد الله الفيفي
أخصائي أول لوجستي وعمليات تشغيلية

م. عبد العزيز بدوي
مدير إدارة المرافق

المحتويات

تمهيد

غالباً ما تتمتع المعالم التراثية بأهمية تتخطى قيمتها التاريخية، فهي، في آن واحد، حاضنة لروح المكان ومخزن للذاكرة، وجلّها صفات تجعلها تتسامى على واقع فضائها المادي. ولا يوجد مكان يوضح هذا السمو أفضل من باب البنط في قلب المملكة العربية السعودية.

هو يقع في الحي التاريخي لمركز المدينة في جدّة المعروف بالبلد، أدرجته اليونسكو عام 2014 في لائحة التراث العالمي. وباب البنط هو معلم تراثي رائع ذو المغزى الجمالي والهندسي والثقافي والتاريخي الفريد من نوعه. فخلال عقود من الزمن، كان يمثل البوابة الرئيسية عبر البحر الأحمر لملايين المؤمنين المسلمين من جميع أنحاء العالم الذين سافروا إلى مكة المكرمة لأداء مناسك الحج، مما جعل جدة بوابة لمكة المكرمة. وفي هذا المبنى بالتحديد المطل على البحر والذي استُخدِم قديماً كمحجر صحيّ، كان الحجاج يتلقون أولى الخدمات الصحية قبل نقلهم إلى وجهتهم العزيزة على قلوبهم، مكة المكرمة.

تماشياً مع الجهود المبذولة من أجل الحفاظ على التراث الثقافي والاحتفاء بالهوية الوطنية، منحت وزارة الثقافة في المملكة العربية السعودية باب البنط مهنة ثقافية. فقد أُعيدَ استخدام هذا المبنى العائد بناؤه إلى مئة عام على نحو آخر، ليصبح متحفاً للبحر الأحمر، وهو وجهة ثقافية وفنية جديدة توفر نظرة غير عادية لتاريخ التفاعلات البشرية واللقاءات بين الثقافات التي شكلت البحر الأحمر.

بمناسبة المعرض الافتتاحي لمتحف البحر الأحمر تحت عنوان "بوابة البوابات"، عزمنا القيام بمهمة طموحة لبث الحياة في هذا المبنى القديم وذلك بالتقاط روح المكان وإحياء ذاكرته. وكان هدفنا عندما كلّفنا الفنان السعودي معاذ العوفي، ذا الصيت العالمي، بتصوير باب البنط قبل تحديثه وتحويله إلى متحف وبتجسيد الإحساس بهذا المكان المميز الغني بالتاريخ والذاكرة. فكانت النتيجة مجموعة من الصور الفريدة التي تبوح كالسحر بروح المكان، ناقلة بقوة تطلعات وذكريات الحجيج والتجار والأهالي وكذا أحلامهم ومشاعرهم، وجلّهم من جعل من باب البنط "بوابة البوابات".

يساهم هذا المعرض، كغيره من المعارض المؤقتة التي ستقام بمتحف البحر الأحمر، في تحقيق طموح وزارة الثقافة في تعزيز الثقافة كأسلوب حياة، عبر إتاحة الفرصة للجمهور كي يستكشف آفاقاً جديدة، ويختبر مقاربات فنية جديدة ويدعم المتحف. نأمل من خلال هذا المعرض أن نقدّم للزوّار السعوديين والدوليين فرصة فريدة من نوعها للسفر عبر الزمكان بغية اكتشاف تحفة هندسية وتاريخية وثيقة الصلة بتراثنا الثقافي.

صاحب السمو الأمير بدر بن عبد الله بن محمد بن فرحان آل سعود
وزير الثقافة

بوابة البوابات

فيليب كاردينال

فضاءات باب البنط

كان مبنى باب البنط فارغاً حين دخله معاذ العوفي. هو مُشيَّد في الأصل على شاطئ البحر كي يكون المقرّ الصحّي أو الكرنتينة لاستقبال الحجّاج الوافدين إلى جدّة، وقد مرّت عقود على عدم استخدامه لهذا الغرض وكذلك لم يعد البحر يصطدم بجدرانه.

كان المبنى خالياً، أو بالأحرى، تم إفراغه من كل ما تركته الإدارات السابقة التي استخدمت قاعاته على مرّ السنين، محولةً بعضها إلى مكاتب، وبعضها الآخر إلى مستودعات أو مخازن. كان المصور يعلم أن هذا الفراغ مؤقّت، وأن العمل على تحويل باب البنط إلى متحف البحر الأحمر سيبدأ قريباً.

في تلك اللحظة العابرة، وسط الفراغ، انتعش شعور العوفي، فالفراغ لا يُخيف ابن المدينة المنورة، المُعتاد على عيادة الصحراء. لكن ربما تملّك هذا الزائر نوع من الدوار، كأنّه أحسّ بحضور آلاف، بل ملايين الزوّار الآخرين الذين توافدوا على هذا المكان عبر القرون. جميعهم حجّاجٌ، وصلوا بلباس الإحرام الطاهر وبدأوا يستعدّون لأداء أولى خطوات الحج على أرض الحجاز.

حين تقدّم العوفي داخل باب البنط لتصوير المبنى، كان يجهل كلّ شيء تقريباً عن التسلسل الزمني لعملية تشييده، لأن لا أحد يعرفها بالضبط. فالمبنى الذي كان أمام عينَي المصوّر هو محصّلة أعمال وتدخّلات هندسيّة مختلفة ومتتالية لمهندسين معماريين مختلفين وفرق مختلفة من بنّائين لم نعد نعرف شيئاً عنهم اليوم.

شُيّد باب البنط في أواخر القرن التاسع عشر أو بداية القرن العشرين، وكان يتألف من طابق أرضي فقط يطل على البحر. كان مبنى بسيطاً، بسقيفة من سعف نخيل توفر مأوى للحجاج والزوار عند وصولهم. ومع مرور الوقت، تم توسيع المبنى وإعادة تشكيله. ففي الثلاثينيات أو الأربعينيات، أضيف طابق ثانٍ وجناحان نصف دائريان، بينما تم استبدال صف سعف النخيل بعقد من القناطر الصلبة.

يُطلّ العقد بشكل واسع على البحر ويظلّل فناءً فسيحاً للقادمين من المراكب. بُنيت آخر نسخة من العقد قبل بضع سنوات من تشييد الطابق الجديد، وكان يتكون من أكثر من عشرين قنطرة مصنوعة من الباطون المسلح. سمح التقدم التكنولوجي آنذاك ببناء القناطر بشكل خفيف للغاية. بعد إعادة تطوير الميناء في السبعينيات، حُرِم باب البنط من مدخله البحري، ولم يتبق من عقده سوى سبع قناطر.

لقد طرأت على هذا المبنى على مرّ السنين تعديلات أخرى، داخليّة بشكل أساسيّ، حصل آخرها خلال الألفيّة الحاليّة، وأدّى إلى هدم عدد من جدرانه بغية توسيع بعض فضاءاته، وذلك في إطار مشروع تحديثيّ لم يُنفَّذ كليّاً.

هكذا دخل العوفي إلى باب البنط قبل أن يُسلَّم إلى أولئك الذين تقتضي مهمّتهم تحويله إلى متحف البحر الأحمر. وكان المبنى فارغاً، كما سبق أن ذكرنا. والتزم المصور هذا الفراغ، على الأقلّ في البداية، من دون أن يجعل من ذلك قاعدة عمل. لقد كان هذا الفراغ موجوداً وفرض نفسه عليه، من دون أن يحدّد مسار عمله.

نجح المصور في التقاط أول مجموعة من الصور المُخصصة لطريقة ترتيب فضاءات المبنى وعناصره الهندسية، كما اكتشفها خلال تلك الزيارة. وما يلفت الانتباه في هذه الصور هو قدرتها على التجانس والتناسق، وذلك على الرغم من أنّ باب البنط حصيلة سلسلة طويلة من التدخّلات والتعديلات التي تعاقبت مع مرور الزمن، وكان من المُتوقع أن تمنح المبنى مظهرًا أكثر اختلاطاً وتهجيناً. يُعدّ هذا التناسق والتناغم، اللتَين تنبثقان من الصور التي خصصها المعاذ لوصف فضاءات البنط، مفارقةً تتوافق مع شعور الامتلاء الذي لا بدّ أن يكون العوفي قد تقاسمه مع جميع الأشخاص الذين شكّل حضورهم في هذا المكان ضماناً لتحقيق ذواتهم.

ما التقطته هذه الصور هو جوهر الإيمان الذي يجمع كلّ من وفدوا من أصقاع الأرض، ليجدوا في هذا

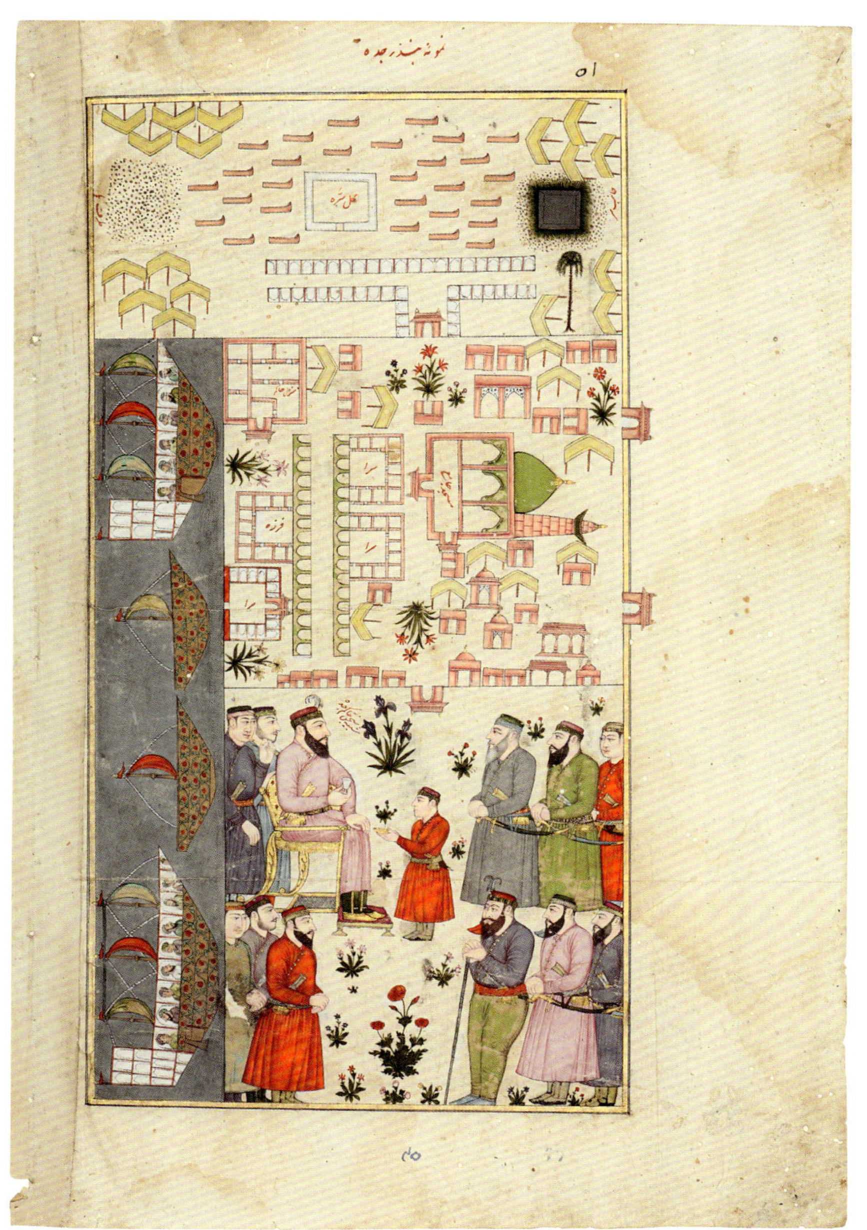

المكان نهاية رحلة تلتقي مع مشروع روحيّ، بل وربما مشروع حياة بكاملها. فعلى الجانب الغربيّ من المدينة، وأمام السور الذي يطوّقها، كان يضعون رحالهم الحجّاج الذين لم يختاروا سلوك الطرق البرّية الطويلة التي كانت تسلكها القوافل، بل عهدوا مصيرهم إلى السفن التي كانت تتقاطر من كلّ حدب وصوب إلى جدّة، متحدّيةً الرياح وأمواج البحار والمحيطات.

نعلم أنّ رحلات الحجّ عبر القرون واجهت صعوباتٍ جمة، فكان الغرقُ مصيرَ الكثير من المراكب، خصوصاً في البحر الأحمر ذي الملاحة العصيبة. ولذلك، كان الحجّاج يترجّلون من سفنهم، ممتلئين بالسعادة واليقين من تحقيق هدفهم، ووطئهم أرض الحجاز، على بُعد مسيرة يوم واحد فقط من مكة المكرّمة. ومعرفتهم بقرب عبورهم الجزء الأخير من رحلة طويلة، انطلقت منذ أسابيع، أو شهور، أو ربما سنوات، خلّف داخلهم شعوراً بالإنجاز، مصحوباً بنشوة لا تفارقهم أبداً.

جزء من هذه الغبطة ينعكس في الصور التي يقترحها العوفي لباب البنط. لكن خلف هذا المبنى، تبرز سلسلة متوالية من المباني بطريقة ضمنية، شُيِّد أحدها في السنوات التي أعقبت شقّ قناة السويس (1869). ونراه بشكل غير واضح في بعض الصور الفوتوغرافية الأقدم لمدينة جدّة. قبل ذلك الزمن، أشار مسافرون من أوائل القرن التاسع عشر إلى وجود مبنى مشابه، في المكان نفسه دائماً. المقر الصحّي، كما كان بإمكاننا أن نقرأ على مدخله مطلع القرن العشرين، أو الكرنتينة، كما كان يسمّى في النصف الثاني من القرن التاسع عشر، أو بكل بساطة الجمارك. مهما كانت التسميات التي حملها، حضر هذا المبنى أمام أسوار المدينة. استخدم الرحّالة الدانماركي كارستن نيبور، على الخارطة التي رسمها لجدّة عقب مروره فيها في العام 1762، وهو في طريقه إلى اليمن - وهي واحدة من أقدم الخرائط المعروفة للمدينة - عبارة "الجمارك" للإشارة إلى المبنى المذكور، في الموقع نفسه دائماً. وقبل قرن من الزمن، نحو العام 1677، أنجز الهندي صفي بن ولي في كتابه "أنيس الحجاج" رسماً ثميناً لجدّة، بالحبر والألوان المائية وورق الذهب، نتعرّف فيه إلى أحد أسلاف مبنى "باب البنط"، على شاطئ البحر، حيث كان الحجّاج القادمون من العالم أجمع يترجّلون من المراكب.

قبل ذلك التاريخ، تنعدم الشهادات والوثائق التي كان يمكن أن تفيدنا، رسماً أو وصفاً، بما يتعلّق بالحالات السابقة لهذا المبنى. مع ذلك، ثمّة شيء واحد مؤكّد، هو أن الحجّاج نزلوا دائماً في هذا المكان، منذ البداية، أو بالأحرى منذ أن اختار الخليفة الراشد عثمان بن عفان

- رضي الله عنه - في العام 26 من الهجرة، جدّة لتكون الميناء لمكّة المكرّمة، كما ورد في المراجع القديمة. منذ ذلك التاريخ، جُهِّز المكان المذكور ليكون مقرّ استقبال أولئك المسافرين المدفوعين بأنقى التطلّعات. وشيء من هذا النقاء يتجلّى في صور العوفي لباب البنط، فمنها يتصاعد صفاء قد يبدو بارداً عند الوهلة الأولى، لا بل جليدياً، قبل أن نستشعر ذلك الارتجاج الحادّ الذي يخلّفه مع إمعاننا في التأمُّل فيها. وربّما في ذلك تكمن قوّة هذه الصور. ثمّة أيضاً بُعد لا زمنيّ يتصاعد منها، كما لو أنّ سلسلة المباني وأرصفة الإنزال التي شُيِّدت في هذا المكان على مرّ القرون، تتراءى جميعاً فيها. كما لو أنّ العوفي تمكّن، بتصويره فضاءات باب البنط، من جعل مبناه موجوداً عبر الزمان والمكان

صفي بن ولي
"ميناء جدة"، حوالي 1677-1680
من "أنيس الحجاج"، الصحيفة 22b
الهند، من المحتمل ولاية غوجارات
حبر وألوان مائية وذهبية على ورق،
23.2 × 33 سم
مجموعة ناصر د. خليلي للفن
الإسلامي، لندن

الأبواب الحديديّة

لا شكّ أنّ الرصانة الأنيقة التي التقطت بها هذه الصور والضبط الوجداني الذي قارب المصور به موضوعه، هما من أهمّ أسباب نجاح مشروعه. واللافت أيضاً في مسعاه هو رفضه الإغراء التجميلي الذي قد يضلّل المتأمل في أعماله، وحرصه على إظهار المبنى كما هو، أو بعبارة أخرى، كما بدا من خلال الزيارات التي رصدها له.

وتمثّلت أولى مهمّات العوفي، كما سبق أن ذكرنا، في منح فكرة عن التنظيم الفضائيّ للمبنى. بعد ذلك، انكبّ على إجراء جردة تفصيليّة حقيقيّة له. وحرصاً على عدم إخضاع موضوعات صوره لتراتبيّة ما، فضّل المصور أن يترك المبنى يرشده، بدلاً من إخضاعه لقراءة خاصّة به. وبذلك تمكّن من رهن وجهة نظره بتلك التي أملاها المكان عليه، وربّما ساعده في ذلك الزمن المعلّق الذي يقع المبنى فيه، فهو لم يعد منذ عقود مقرّاً صحّياً أو جماركاً، ولم يصبح بعد متحفاً. والعوفي كان يدرك جيّداً أنّه ينشط في هذا الصدع الزمني، وهو ما سمح له بالإمساك بباب البنط في لحظة تجريد أو عراء.

هكذا استطاع المصوّر في بعض الأحيان أن يضع نفسه في وضعيّة يسمح فيها للمبنى بإملاء الصور التي يجب أن يلتقطها. وبهذه الطريقة أنجز سلسلة من الأعمال تظهر فيها فتحات مستحدثة في جدران المبنى، غالبا بشكل متتابع، ومدعومة بعوارض معدنيّة. وتبدو هذه الفتحات لأوّل وهلة - نظراً إلى الخراب الذي تسبّبت فيه، والحديد الذي يطوّقها - بمثابة شهادات على القوى التي مورست على جدران المبنى. لذلك، نحرز التحفّظ الذي تناول به صاحب هذه الصور هذا الموضوع، وقد عاد إليه مراراً في وقت لاحق، كما لو أنّه كان مرغماً على ذلك، وخلص إلى تملّك حدّته الباردة. لكن صور العوفي لا تشهد إطلاقاً بعمليّة هدم، بل بشيء آخر مختلف تماماً، لكونه تمكّن من اكتشاف قصّة رمزيّة فريدة بين جوانب المبنى.

حين نتأمّل في هذه الصور، نرى جيّداً حالة التهالك في المبنى. فهدم جدرانه - المشيّدة بأحجار مرجانيّة نموذجيّة لفنّ العمارة في جدّة على مدى قرون - أدّى إلى إلحاق الأذى بحالته السابقة. بالتالي، وعلى الرغم من حداثتها، تردّنا هذه الفجوات - ومعها الصور التي يقترحها العوفي لها - إلى ديمومة يمكننا أن نصفها، مرةً أخرى، كأبدية.

وهذا ما يجعلها، تحديداً، مثيرة للدهشة والإعجاب. ويعود الفضل إلى المصوّر في اكتشاف قوّتها الاستحضارية، وكشفها. هذه الفتحات مؤطرة بعوارض ودعامات معدنيّة تجعلها تبدو عالقة داخل فكوك

فولاذيّة، ولا يمكن الخلط بينها وبين الأبواب المتوافرة بكثرة في المبنى. يكذّب ذلك أيضاً حجم هذه الفجوات، لأنّ كلاً منها غير مجهّز بمصراع أو بدرفة متحرّكة. ولئن كانت أبواباً، فبطريقة مجازيّة. باب جدّة. باب الحجاز. باب الحجّ. هذا ما يمكن أن توحي به هذه الصور.

نعلم أن الهندسة المعماريّة في العالم العربيّ الإسلاميّ عرفت كيف ترتقي بفكرة الباب إلى أبعد حدّ، سواء تعلّق الأمر بأقواس إفريزية، مقرنصة، مفصّصة أو محدّبة، لن نجد مثيلاً لزخرفاتها الدقيقة في أي مكان آخر، وسواء تعلّق الأمر بأبواب مدن أو أحياء، وبأبواب مساجد أو قصور، فالتحف الفنّيّة لا تعدّ ولا تحصى. لنتأمّل فقط في أبواب مدينة فاس أو مدينة القاهرة! لنتأمّل أبواب قصر الحمراء، أو بوّابة قلعة حلب ذات التصميم المعقّد للغاية! هذا التنميق الفائق تقوّضه الصور التي يقترحها العوفي لتلك الأقواس المربّعة، المكوّنة من ثلاثة أجزاء معدنيّة. فتتجاوز بساطتها المبلبِلة بطريقة ما فكرة الباب كما هي موجودة في العالم العربيّ الإسلاميّ، وتسمو بها من خلال هذا المثال المضادّ المثير للدهشة.

بالتالي، لا غاية لهذه الفجوات سوى فتح المبنى على نفسه. لكن لا يسعنا ألّا نلاحظ أنّها تنفتح خصوصاً على مكان آخر لطالما شكّل موضوع تطلّعات وأحلام. تنتقل نظرة العوفي بهذه التطلعات والأحلام إلى مستوى آخر، إلى واقع شبه ملموس، مقترحةً لها ترجمة محسوسة، داخل جغرافيا شبه الجزيرة العربية، أو ترجمة روحيّة، ضمن تعاليم الديانة الإسلاميّة. إنّ حلم المسافر لفترة طويلة في رحلته، وإن أنجزها فيما بعد، وغالباً في ظروف صعبة، أو حتّى مؤلمة، فإنّه، بمجرّد وصوله إلى "باب البنط"، كان يمرّ بنوعٍ من الذروة، كما لو أنّه وصل حقًّا إلى بوابة البوابات!

ليس من المهم كثيراً معرفة التاريخ الدقيق الذي أحدِثت فيه هذه الفتحات، فهي غير مأخوذة في الاعتبار من وجهة نظر تاريخيّة، بل رمزيّة. إذ يكفي هذه "الأبواب الحديديّة" أن تكون هنا، بدعاماتها الفولاذيّة، كما يرينا العوفي إيّاها، لمنحنا إمكانيّة بلوغ آفاق شاسعة للغاية.

على تخوم التجريد

أبعد من هذه الفجوات الجليلة، واصل العوفي اهتمامه بجدران أخرى، مستعيداً الممارسات المألوفة في أعماله الحديثة، مثل "جدران المدينة المنوّرة" (2016)، و"جدران برلك" (2017). ساعدت هذه التجارب السابقة في شحذ نظرته، وعلّمته إمكانية فكّ رموز الجدران مثل صفحات طِرس، طبقة تلو الأخرى.

في "باب البنط"، سعى العوفي خلف العلامات والآثار التي تحملها جدران هذا المبنى، مدركاً سهولة تفويت ما يبحث عنه، حيث قد يحول ظلّ، أو الزاوية التي ينظر منها، دون رؤيته أيّ شيء. وحدها العين المتمرّسة قادرة على الإمساك بما هو مرئيّ للغاية أحياناً، أو بالعكس، بما يفلت من البصر.

كان يدرك أيضاً أنّ المهمّ ليس اقتراح قراءات محددة، بل فتح دروب تثير خيال المتأمّل لاحقاً في أعماله، ومنح هذا الأخير فرصة اعتماد تأويلاته الخاصّة. هكذا تنقّل العوفي بين جدران المبنى، ذهاباً وإياباً، متتبّعاً خطواته، خاطّاً مسارات غير متوقّعة، عاد منها بحصاد من الصور.

وقد تُحفّز بعض هذه الأعمال على مقارنات مثيرة. الأمر مرهون طبعاً بالطريقة التي ننظر إليها. لكن لا حاجة إلى بذل جهد كبير لإحلال روابط بين بعض هذه الأعمال والخرائط القديمة التي تركها لنا علماء الجغرافيا العرب الكبار خلال القرون الماضية، والتي تجعل من الممكن أيضاً استحضار نصوص الرحّالة العرب المشاهير خلال تلك القرون، مثل ابن بطوطة، ابن فضلان وابن جبير. تقاربات يمكن أن يجريها مَن يستشفّ البُعد اللعبي في هذه الصور ويستسلم له، لدى التأمّل فيها، إذ ليس من المؤكّد إن كان العوفي قد تقصدها. المهمّ أنّه عرف كيف يجعلها ممكنة.

كلّ صورة هي نتيجة لحظة توقف فيها المصور، منتبهاً لخدش على جدار، أو سقوط رقيقة جبس، أو بضع لطخات طلاء، أو رسوم غرافيتيّة، أو شعاع الشمس على الأرض. من خلال هذه العلامات والآثار، التي قد تبدو زهيدةً وطفيفةً، تتشكّل وتتراءى، على تخوم التجريد، جغرافيا معيّنة أو كوزموغرافيا، يدعونا العوفي إلى السير خلفه في متاهتها.

هكذا يرسم المصور خرائط جديدة، ويضع تحت أعيننا صفحات كتاب جديد، كلّ صفحة فيه تبدو قادرة على فكّ جزء من اللغز الذي تحمله هذه الجدران. وحين نُنهي قراءة هذا الكتاب، ونُمعن النظر في الصور، يتملّكنا الشعور بأنّنا ولجنا روح المكان، وكأنّه بات لدينا مفاتيح تتيح لنا بلوغ تاريخه.

"بارافرناليا" أو أشياء متفرّقة

في سياق وصفه المكان، اتخذ المصور نهجاً مغايراً. فكما أشرنا سابقاً، احترم العوفي منذ البداية الفراغ الذي فرض نفسه عليه أثناء تجواله داخل المبنى.

لكن لم يُذهله هذا الخلاء، بل وجد فيه تناغماً مع المناظر الصحراوية التي اعتاد تصويرها

في العديد من أعماله، مثل "أهل بانجيا" (2018) و"مهلائيل" (2018).

أدرك العوفي أن هذا الفراغ خدعة، فهو في الواقع مسكون ببقايا وعناصر متفرقة ومتباينة أفلتت من جهد مَن أفرغ أثاث المبنى. أشياء منسية يصعب إزالتها، سمحت للمصور بإطلاق العنان لحس الفكاهة لديه ومهاراته، هذه الأشياء هي أيضاً، بطريقتها الخاصّة، علامات وآثار لن يتردّد المصور في استثمارها.

تُركت هذه الأشياء معظمها على الأرض، بينما بقي القليل منها معلقاً على الجدران. قرار الصدفة هو مَن حكم هذا التوزيع، ولم تخضع هذه الأشياء لأي عملية إخراج أو ترتيب. تلك كانت القاعدة الضمنية للعبة التي التزم بها المصور ومنحت مشروعه دقته وتمايزه. لم يغير العوفي أي شيء، بل صور فضاءات "باب البنط" كما وجدها. وكان من الضروري الوفاء للمظاهر بهذه الطريقة كي يتمكن فيما بعد من تجاوزها بشكل أفضل.

قائمة هذه الأشياء تبدو مثل جردة طويلة لا تخلو من الشعرية. تحضر محتوياتها بشكل مجموع أحياناً: طقم إطارات، طقم تمائم، أو ريش طائر مجهول - ربما حمامة - قد تكون بقايا ولائم قديمة. وتحضر بشكل ثنائي: مروحتان، إصبعا بخور. أو تحضر بشكل منفرد: مسبحة، نظارة شمسية، استمارة عفا عليها الزمن لمحافظة مدينة جدة... وأحياناً أخرى، تحضر بشكل ثنائي مثير للفضول: كرة مطاطية وعلّاقة بلاستيكية... قائمة تستحضر في طبيعتها إلى أذهاننا جملة الشاعر الفرنسي ايزيدور دوكاس كونت لوتريامون التي صدرت في كتابه "أناشيد مالدورور"، وفتنت السورّياليين: "جميل مثل اللقاء المباغت على طاولة تشريح بين آلة خياطة ومظلّة".

كرسيّ. كرسيّ بلاستيكيّ بسيط هو موضوع إحدى أبرز صور العوفي. الكرسي فارغ، مثل ذلك الذي يحضر في إحدى أشهر لوحات الحداثة التشكيلية، "غرفة نوم في آرل" لفان غوخ (1888). كرسيّ بسيط أيضًا، مقعده مصنوع من القشّ. فارغ. رسم بيكاسو وماتيس لاحقاً الكرسي نفسه. كرسيّ عاديّ من القشّ، هو المعادل الدقيق للكرسيّ البلاستيكيّ الذي يحرص العوفي، بعد قرن من الزمن، على إطلاعنا على نسخة منه.

لا تتطلب صناعة هذا الكرسيّ المصنوع من قطعة واحدة أي تجميع، ويُنتَج بكمّيات كبيرة في كلّ أنحاء العالم، منذ سبعينيّات القرن الماضي، إلى درجة أنّه أصبح رمزاً لعصرنا. معظمنا يمتلك نسخة منه، في حديقته، في محترفه أو حتّى داخل شقّته. وهذا ما يفسّر حضوره في أعمال بعض كبار الفنّانين المعاصرين، كلوحة الأميركي أليكس كاتز، "مشاهد بحريّة ومناظر

كارستن نيبور
"خريطة مدينة جدة"، 1776
من "السفر إلى شبه الجزيرة العربية والدول المجاورة الأخرى"، المجلد 1، الصورة LV، ترجمه من الألمانية ف.ل. موربيه ونشره س.ج. بالدي في أمستردام، 1776
مجموعة وزارة الثقافة السعودية، PT 2019.28a

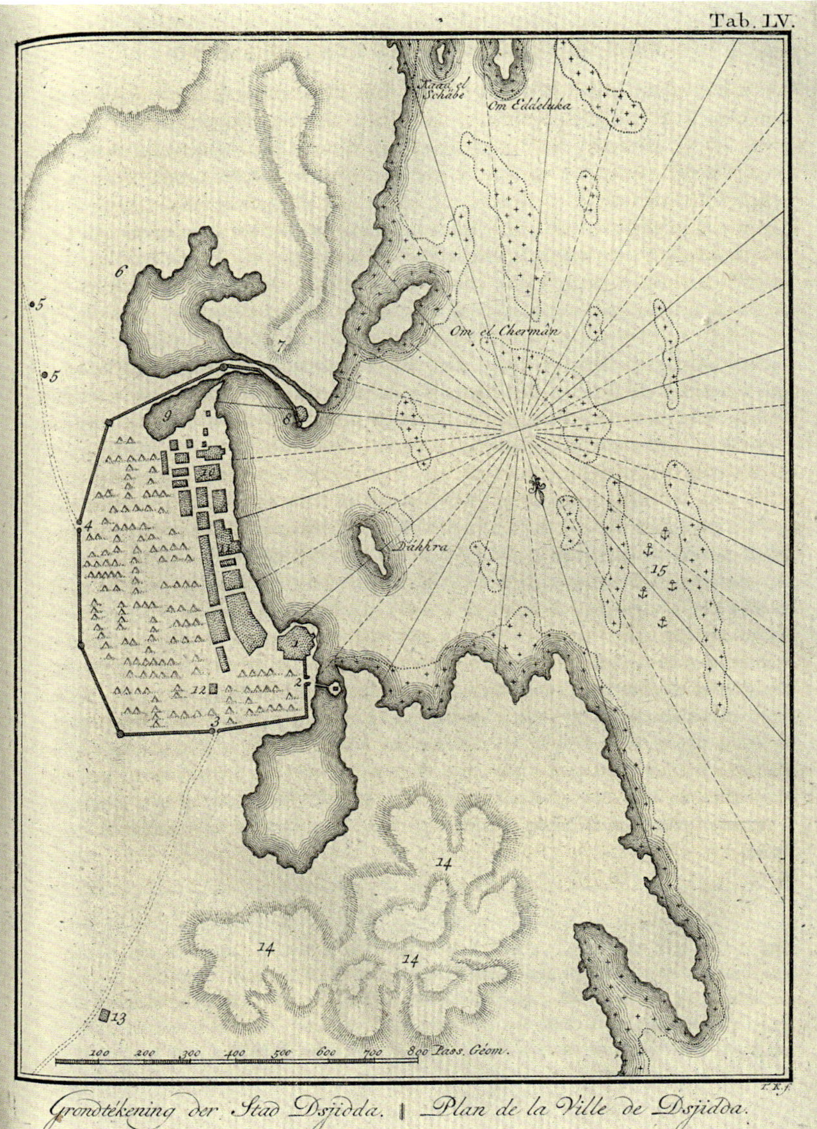

Grondtékening der Stad Dsjidda. | Plan de la Ville de Dsjidda.

العوفي أمام أعيننا. قد يكون هدف وجودها هو إعطاء بعض الإشارات حول الماضي التجاري العريق لمدينة جدة ومينائها. فقد شهدت هذه المدينة وهذا الميناء ازدهاراً منذ القرن العاشر وبداية انحدار الحكم العباسي في بغداد. وعلى مدى ألف عام بعد ذلك، استمرّت هذه المدينة في الازدهار، كما يتضح من شهادات المسافرين الذين أعجبوا بثراء أسواقها.

ساهمت جميعها بلا شك في ثراء جدة، بدءاً من استقبال الحجاج وتنظيم إقامتهم في المدينة، وتزويدهم بما يلزم ونقلهم إلى مراكز الحج. ولكن مصدر ثراء المدينة على مرّ العصور يعود بشكل أساسي إلى حجم التجارة التي كانت تحدث في أسواقها. فكانت أكياس البن من اليمن، وأكياس الشاي من الهند، وأكياس الحبوب من مصر، تُفرغ جميعها في ميناء جدة، ثم تُحمل إلى وجهات أخرى. وعلى هذه البضائع تُفرض رسوم جمركية في مبنى يقع في نفس المكان الذي يقع فيه اليوم مبنى "باب البنط".

صور هذه الصرر الغريبة تُشير إلى بعض تلك الثروة الأخرى التي كانت باستمرار ثروة جدّة، وجعلتها الميناء الرئيسي للمنطقة، وحتى للشرق الأوسط بأكمله في بعض الفترات المحددة.

*

تندرج صور معاذ العوفي لـ"باب البنط" في سياق أبحاثه المستمرة منذ أعماله الأولى وصولاً إلى نتاجه الأحدث.

تركز هذه الأبحاث على شبه الجزيرة العربية، بدءاً من عصور ما قبل التاريخ وصولاً إلى زمننا الراهن، آخذةً بعين الاعتبار أبعادها الإنسانية والدينية والميثولوجية. اختار العوفي بذلك أن يتبنى دور الراوي - بالمعنى القديم للكلمة - لتاريخ الجزيرة العربية منذ فجر التاريخ.

تميزت مقاربة العوفي لموضوعاته بالقدرة على التوفيق بين موقفين قد يبدوان متناقضَين. فمن ناحية، حافظ على مسافة بينه وبين هذه الموضوعات، ومن ناحية أخرى، أظهر تورطاً شخصياً عميقاً فيها.

سمح له ذلك باستخدام مستويات مختلفة في المعالجة، كالتعاطف أو الفكاهة، بحسب الحالة، دون التخلي عن الطابع الشكلي الذي يميز مسعاه الفني. اتبع العوفي نفس الطريقة في عمله على "باب البنط". فقد تناول خلال زيارته للموقع موضوعات متعددة، دون أن يؤثر انتقائها على التماسك الناجم عن الصور الملتقطة.

تشكل هذه الصور فصلاً جديداً من قصة الجزيرة العربية التي بدأ معاذ العوفي بكتابتها بالتزامن مع مسيرته كفنان، وهي ترتبط ارتباطاً وثيقاً بعمله الفني.

طبيعيّة" (2002)، ولوحة الروماني أدريان جيني، "النزهة الخَلَويّة" (2015)، وفي الاثنتين يمثل فارغاً. والصورة التي يقترحها العوفي، بدوره، لهذا الكرسيّ بين جدران البنط، لافتة للنظر من جميع النواحي، لا سيّما من منظور لونيّ، وتندرج ضمن تأمل وقصّة تجد مكانها فيهما بشكلٍ طبيعيّ.

بعد الكرسي، تلفت انتباهنا صرر ضخمة لم يُغفلها المصوّر، وهي متروكة في زاوية داخل "باب البنط" تُبرز حجمها الهائل. ومع ذلك، يتناقض مع ضخامتها طابع الطفولة للنماذج المطبوعة على الأقمشة القطنية التي تغطيها، مما يضفي عليها بعض الخفة. تسمية هذه الأشياء الغريبة ليست بالأمر السهل، فهي صرر، أمتعة، حزمات، أحمال... كما يصعب علينا تخمين محتواها، حيث لا يوجد مؤشر دقيق يدلّ عليه. ومع ذلك، فهي موجودة هنا، وبشكل ساخر، يضعها

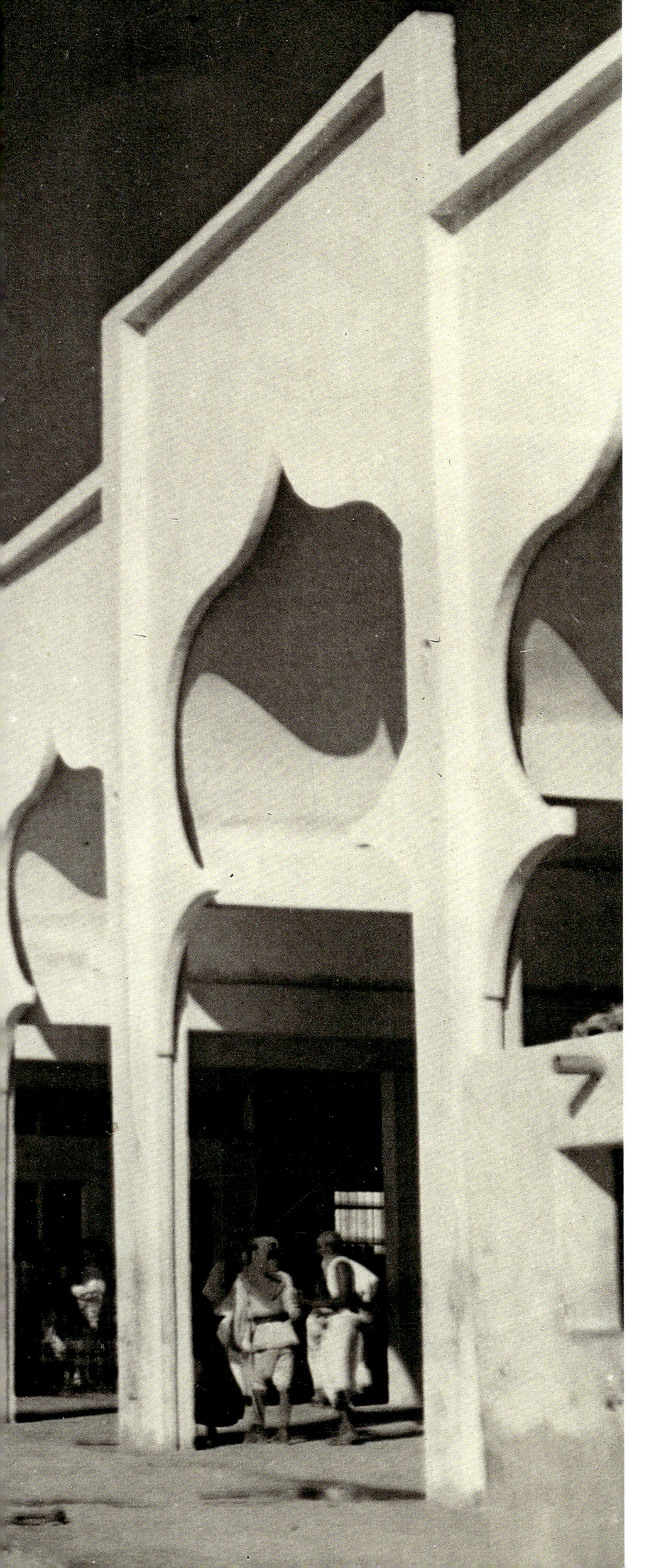

جيرالد دي غوري
"جدة، مهبط حجاج بيت الله الحرام"،
حوالي 1934-1940
من "الطائر الفينيق" بقلم جيرالد دي غوري،
الجمعية الجغرافية الملكية، نشره ج.ج.
هاراب في لندن، 1946

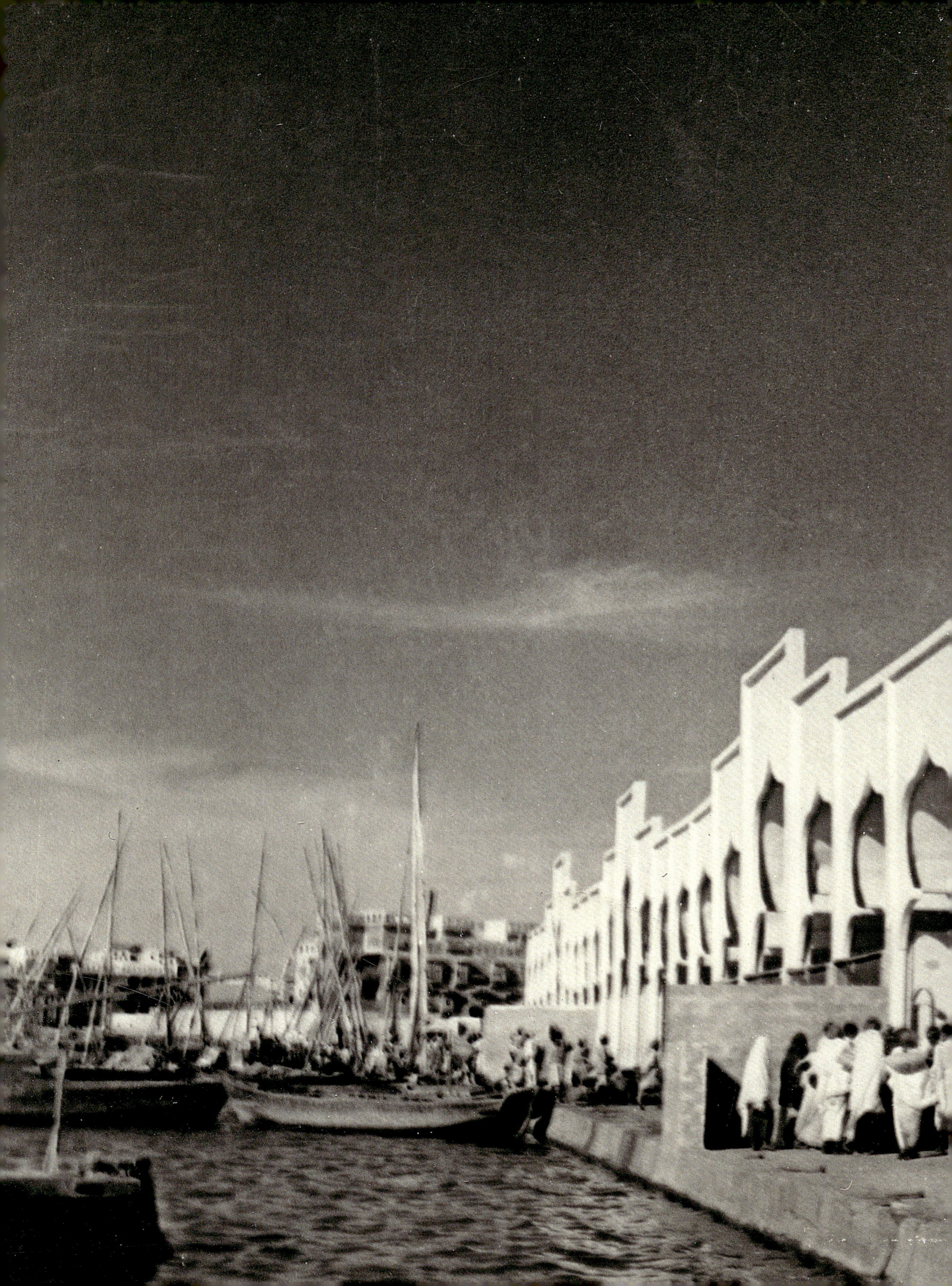

الفصل الأول

فضاءات باب البنط

وشيء من هذا النقاء يتجلّى في صور العوفي لباب البنط،
فمنها يتصاعد صفاء قد يبدو بارداً عند الوهلة الأولى،
لا بل جليديّاً، قبل أن نستشعر ذلك الارتجاج الحادّ الذي
يخلّفه مع إمعاننا في التأمُّل فيها.

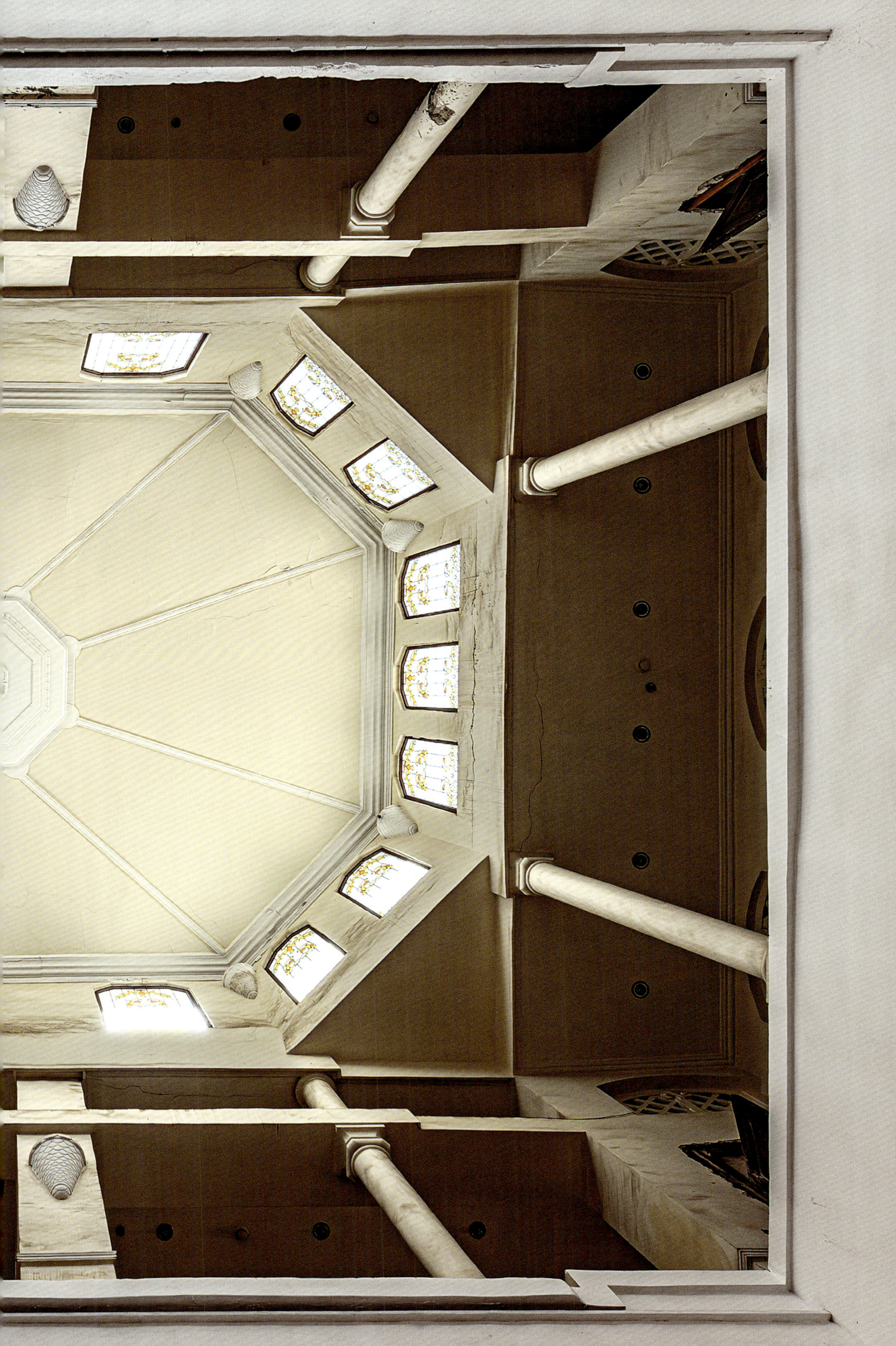

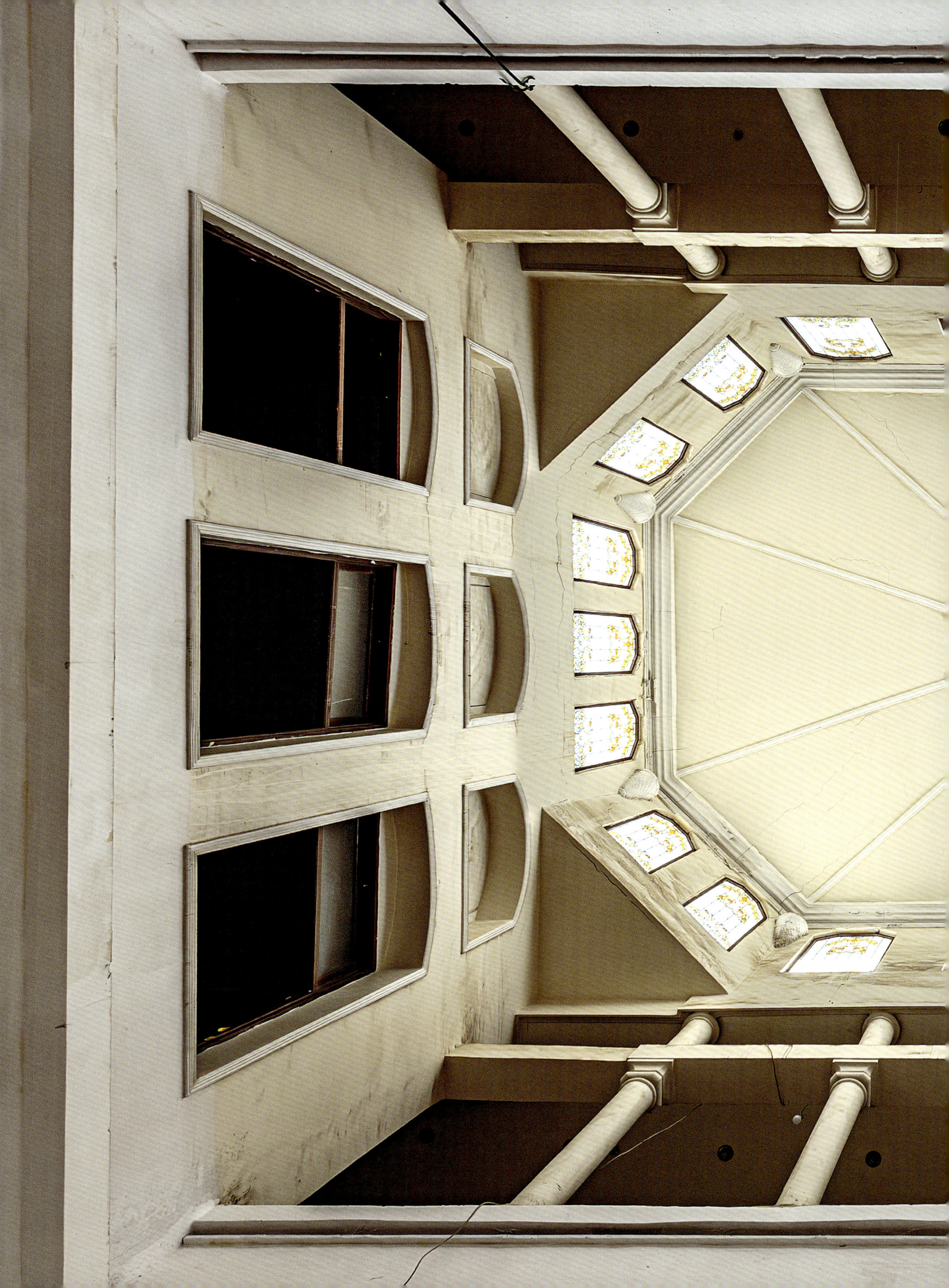

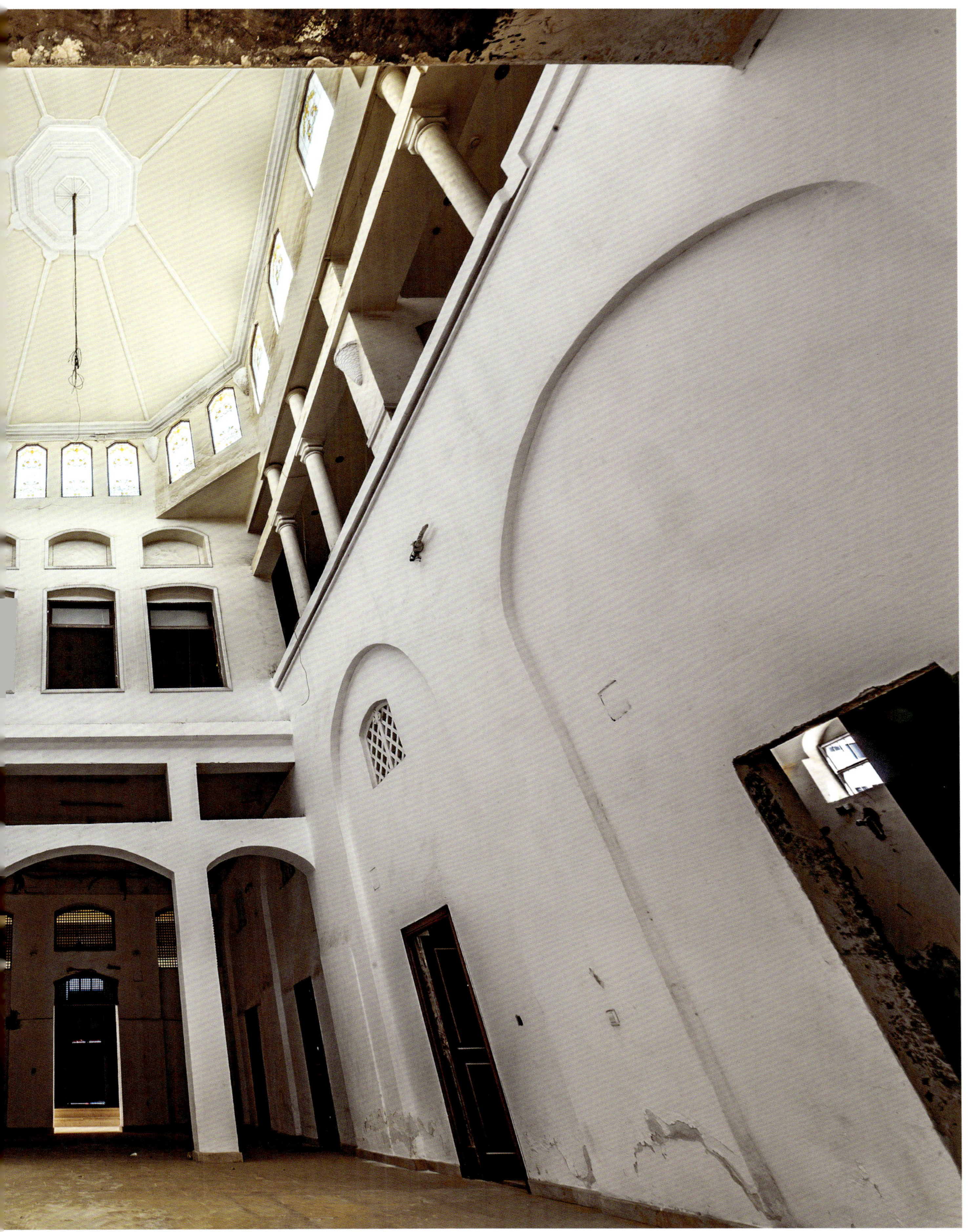

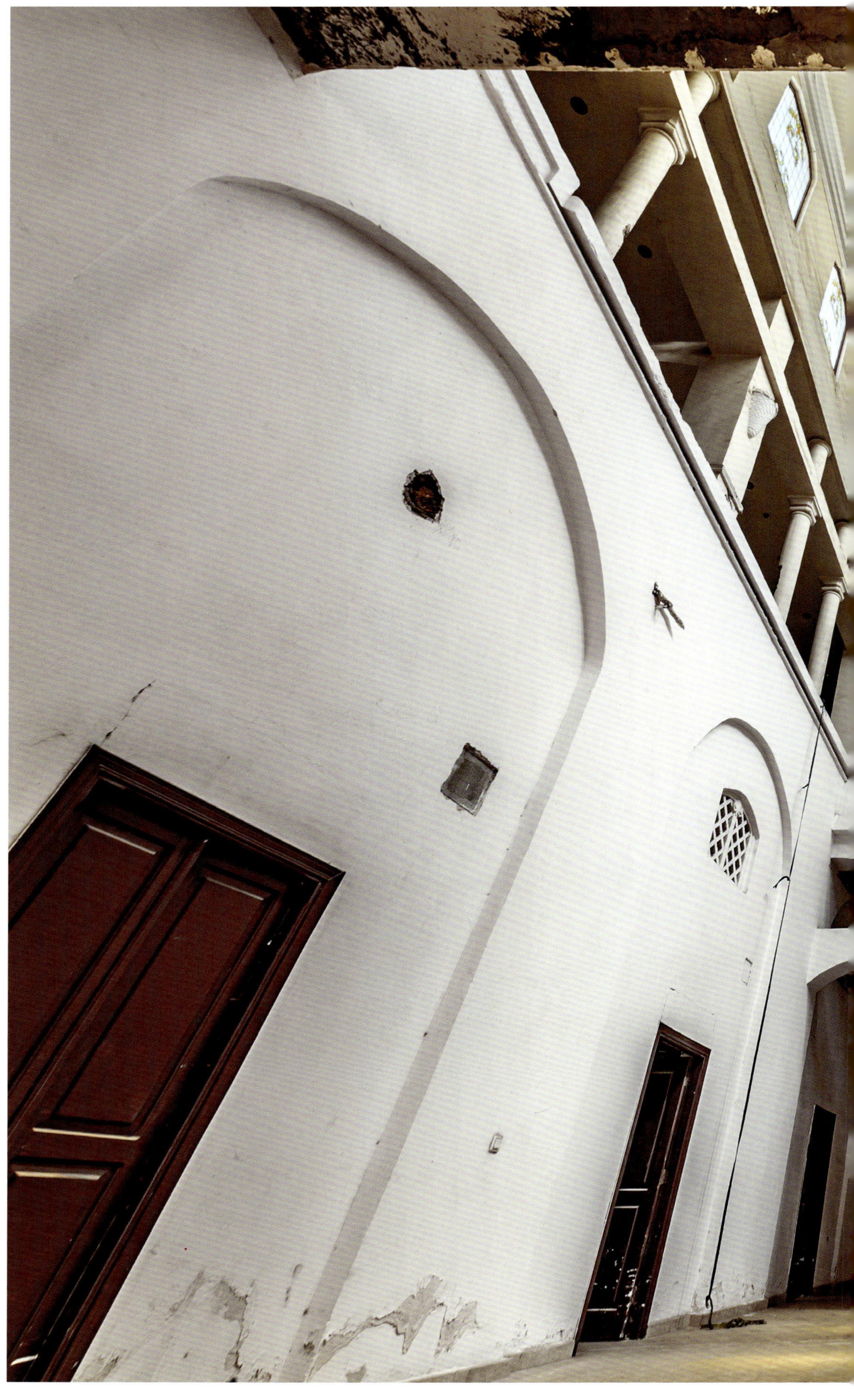

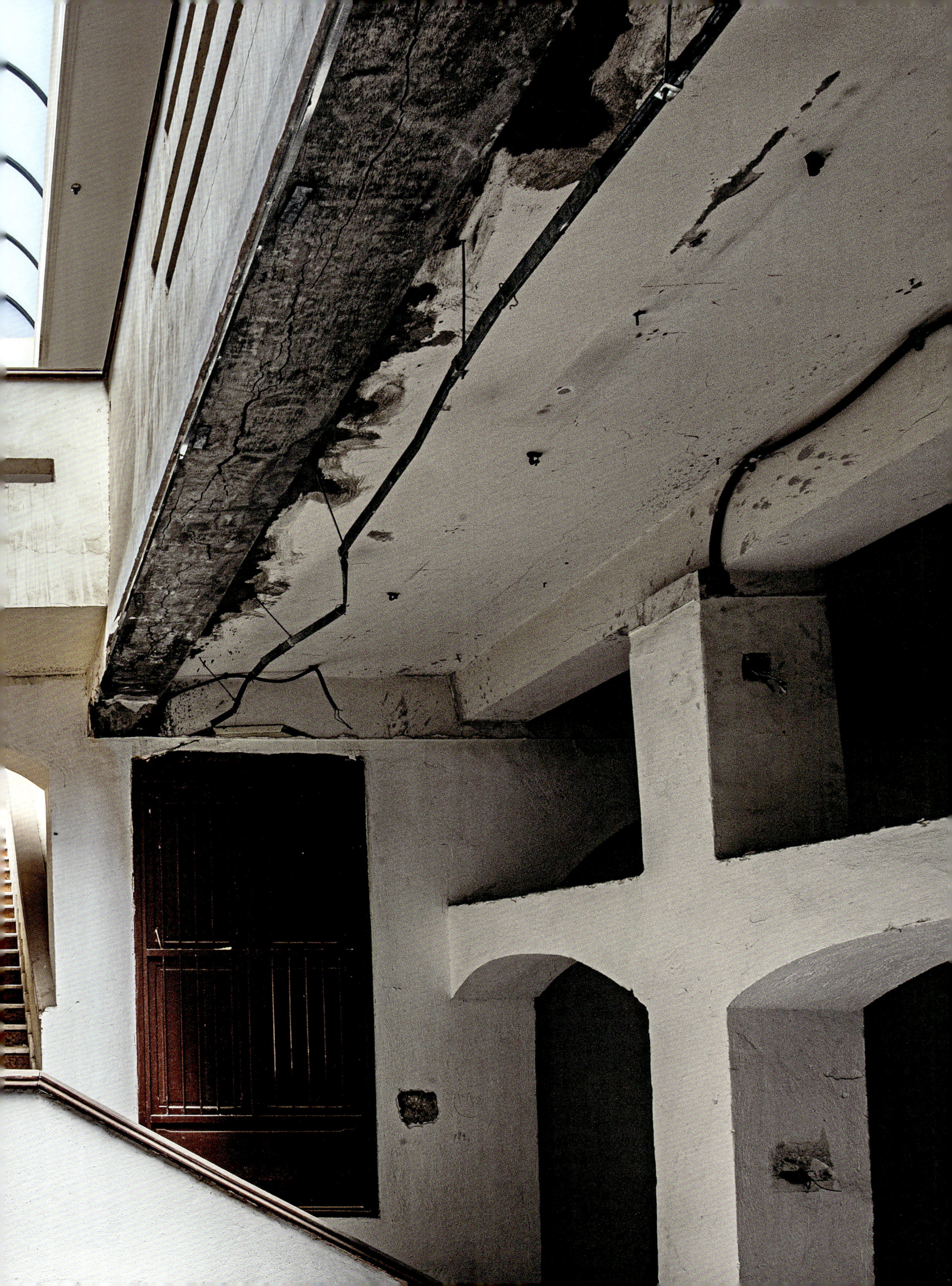

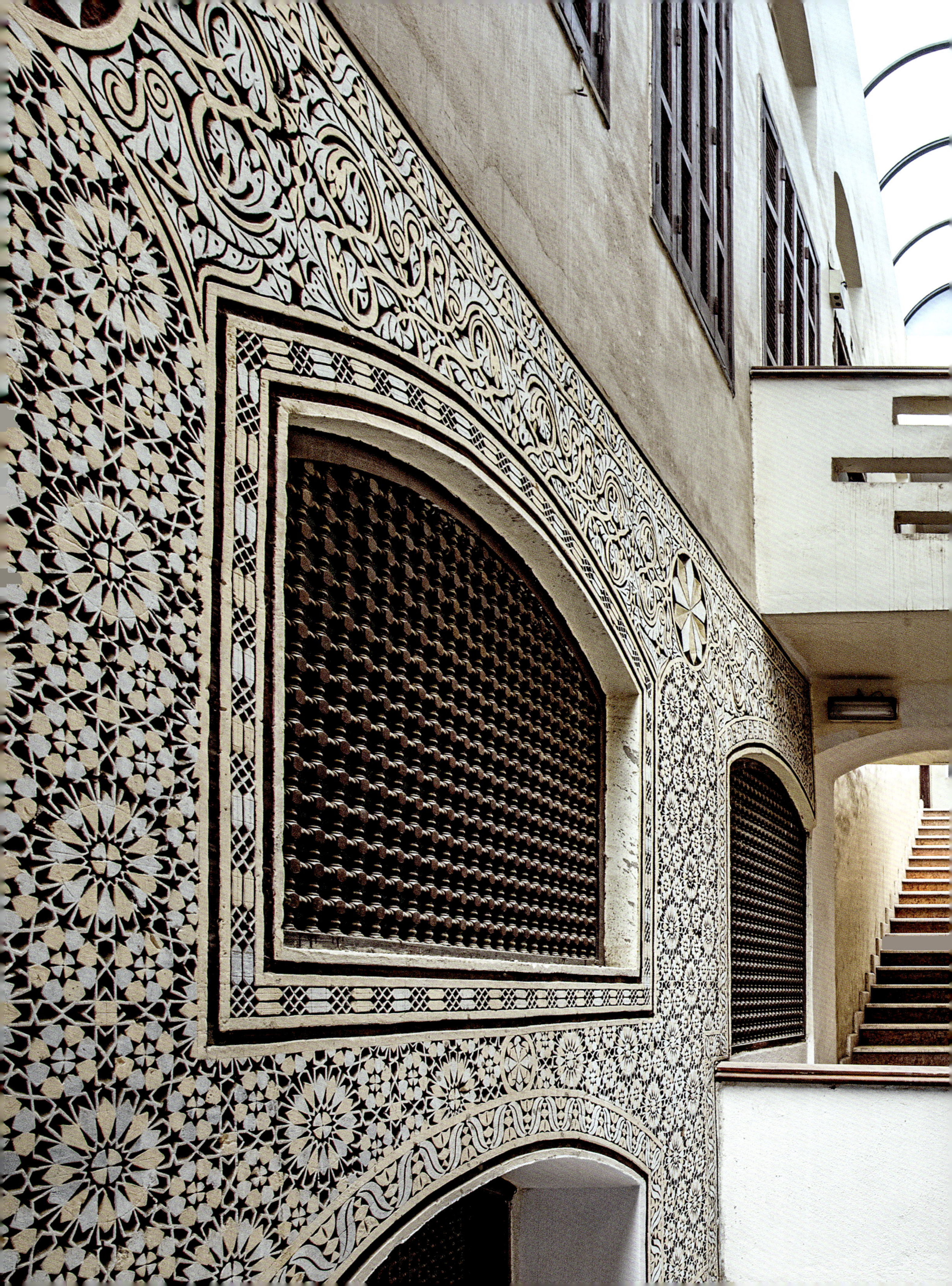

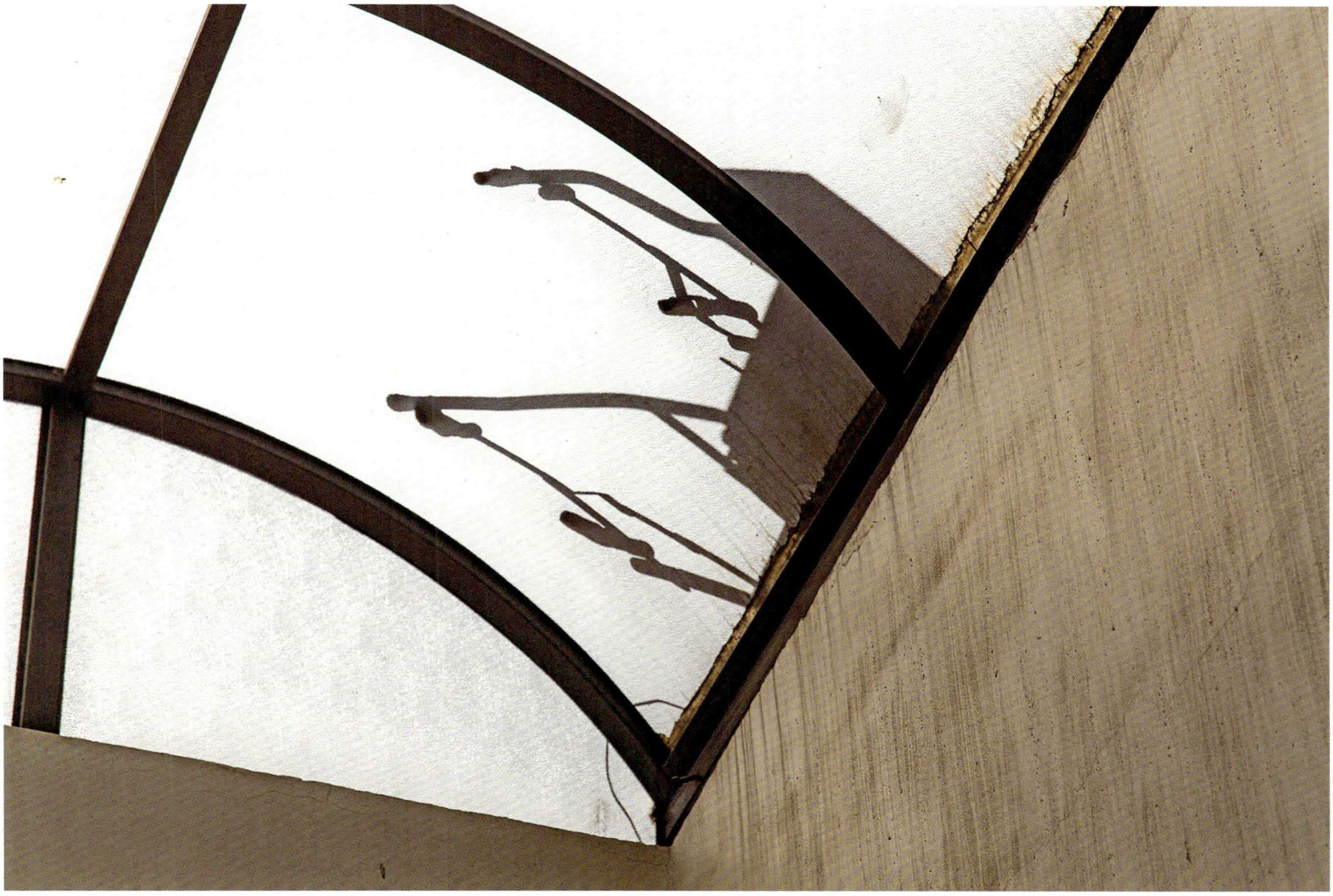

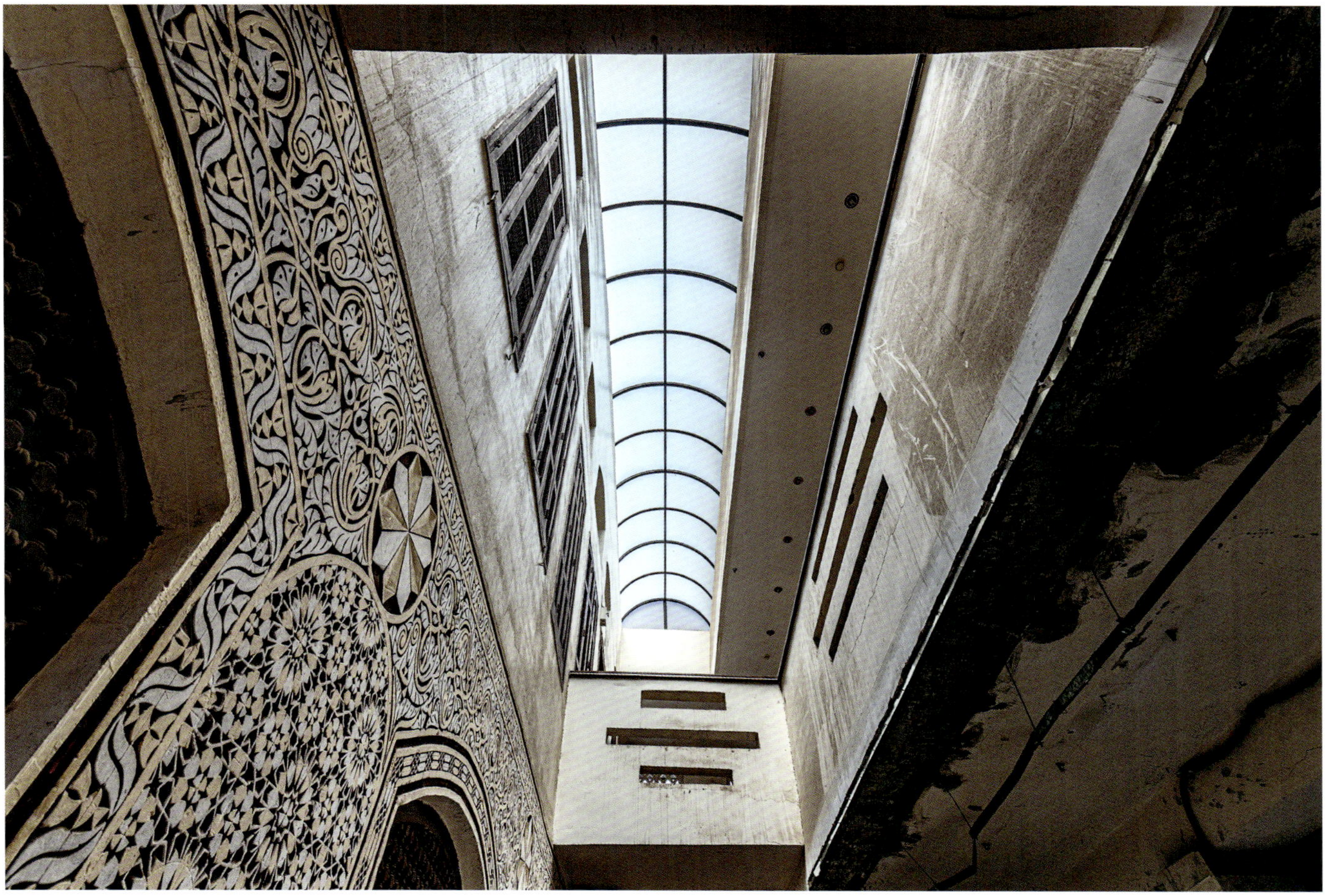

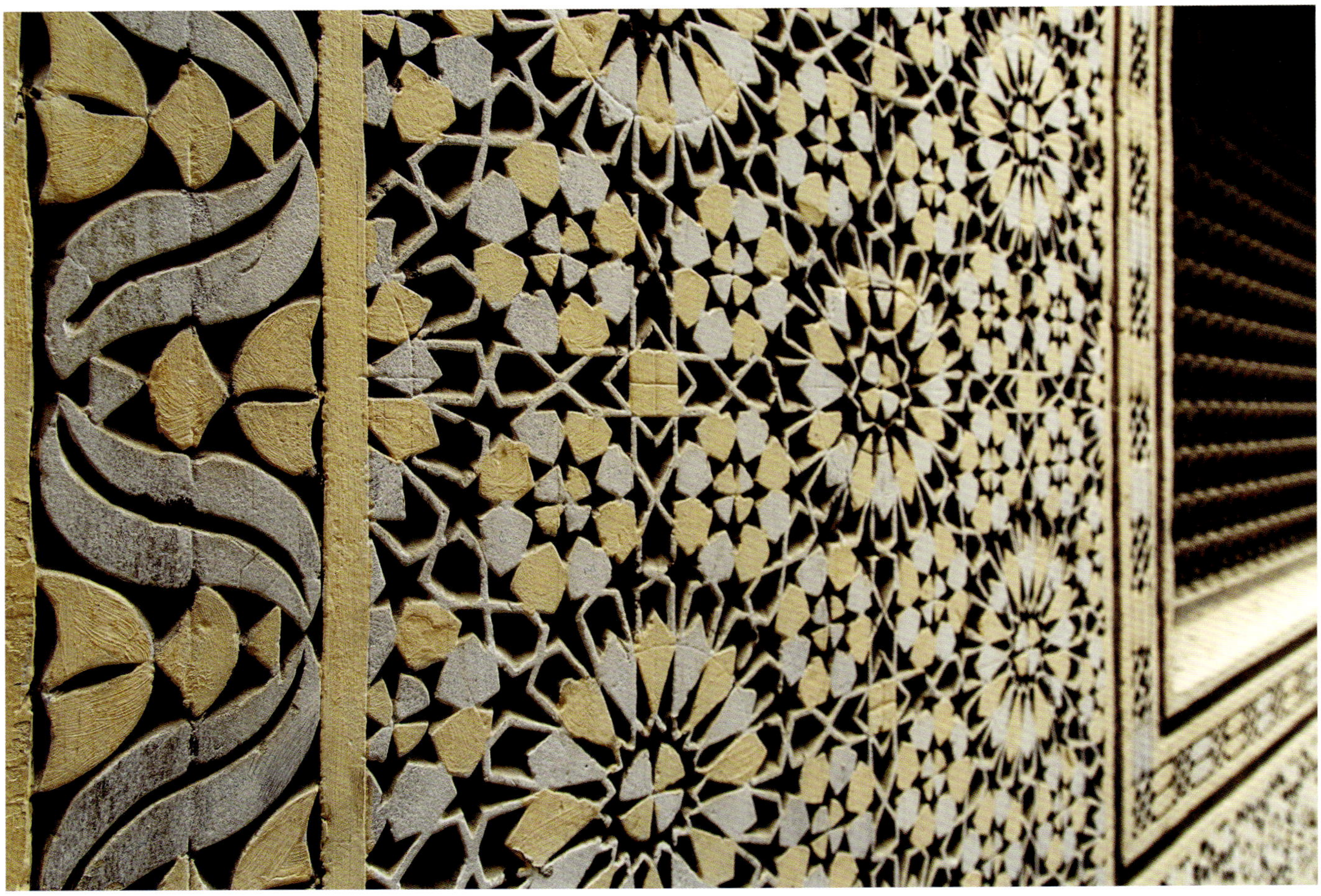

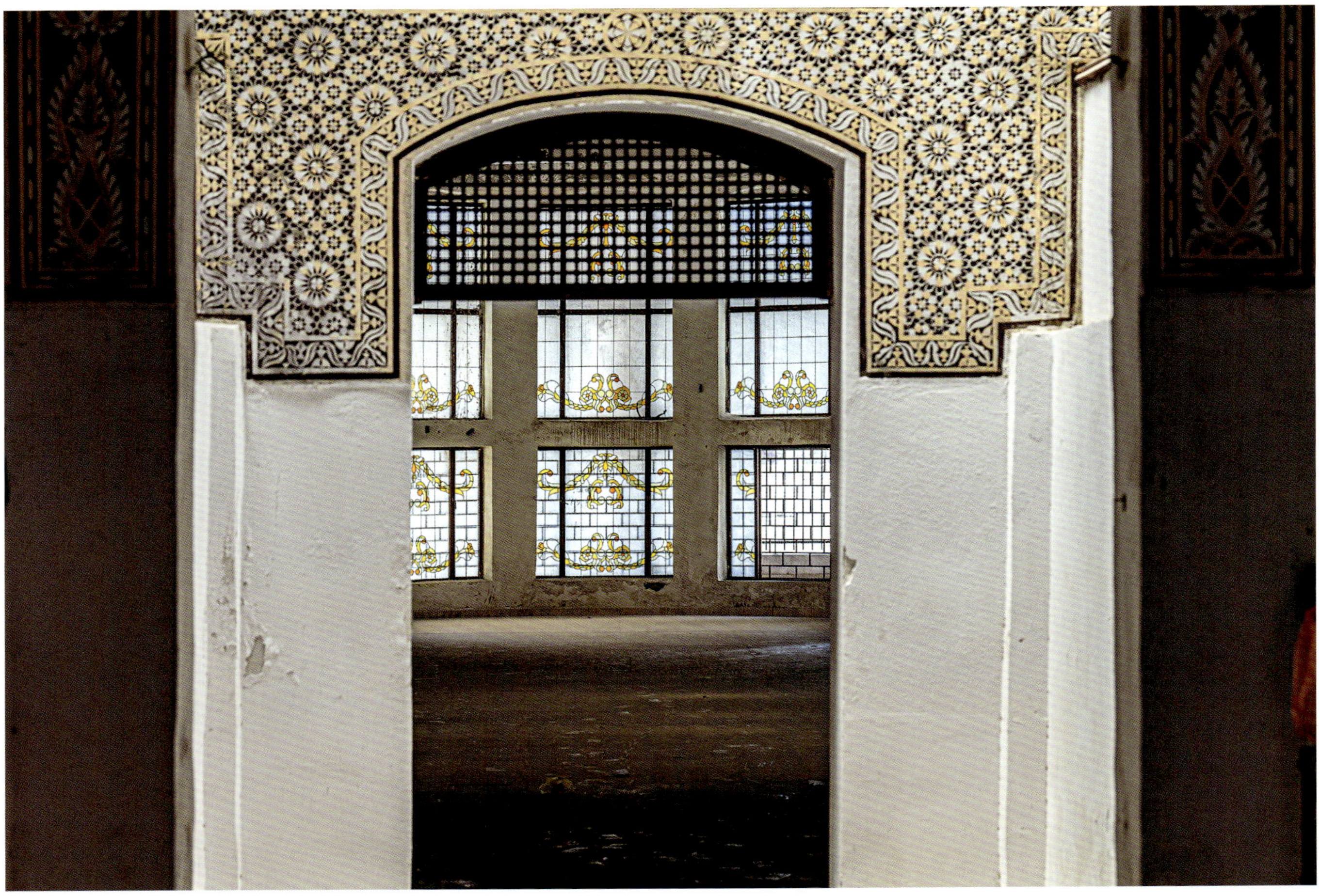

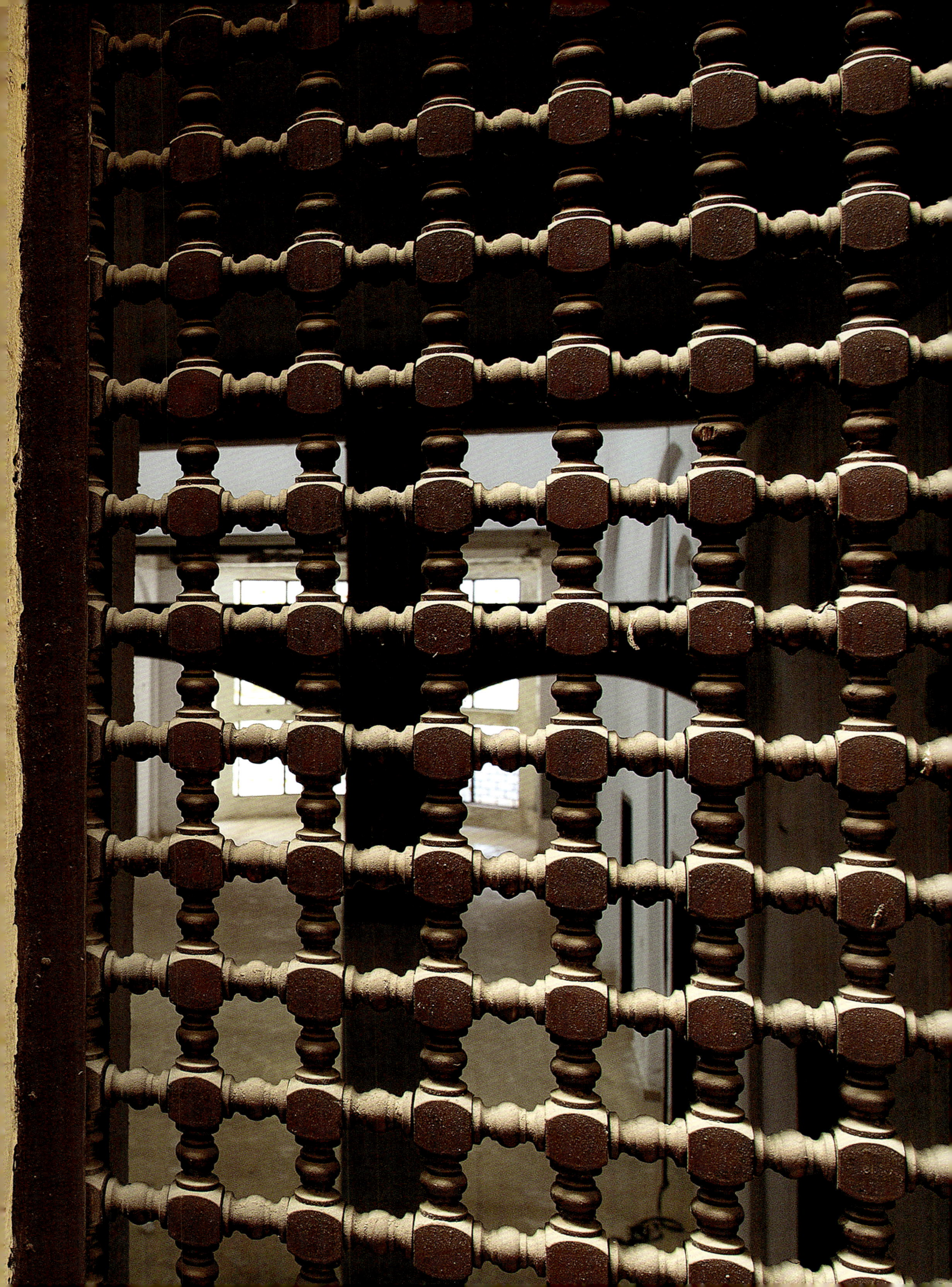

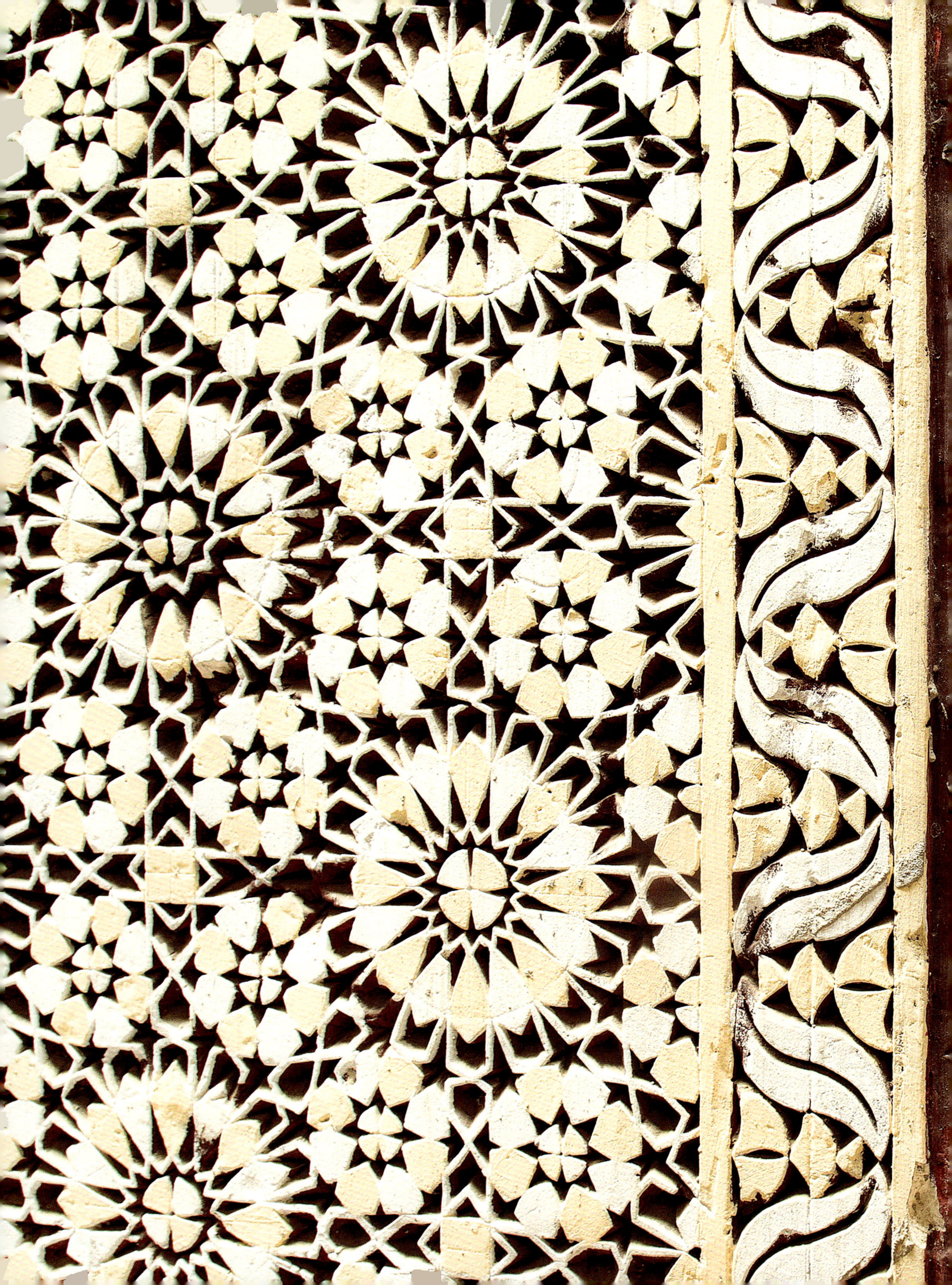

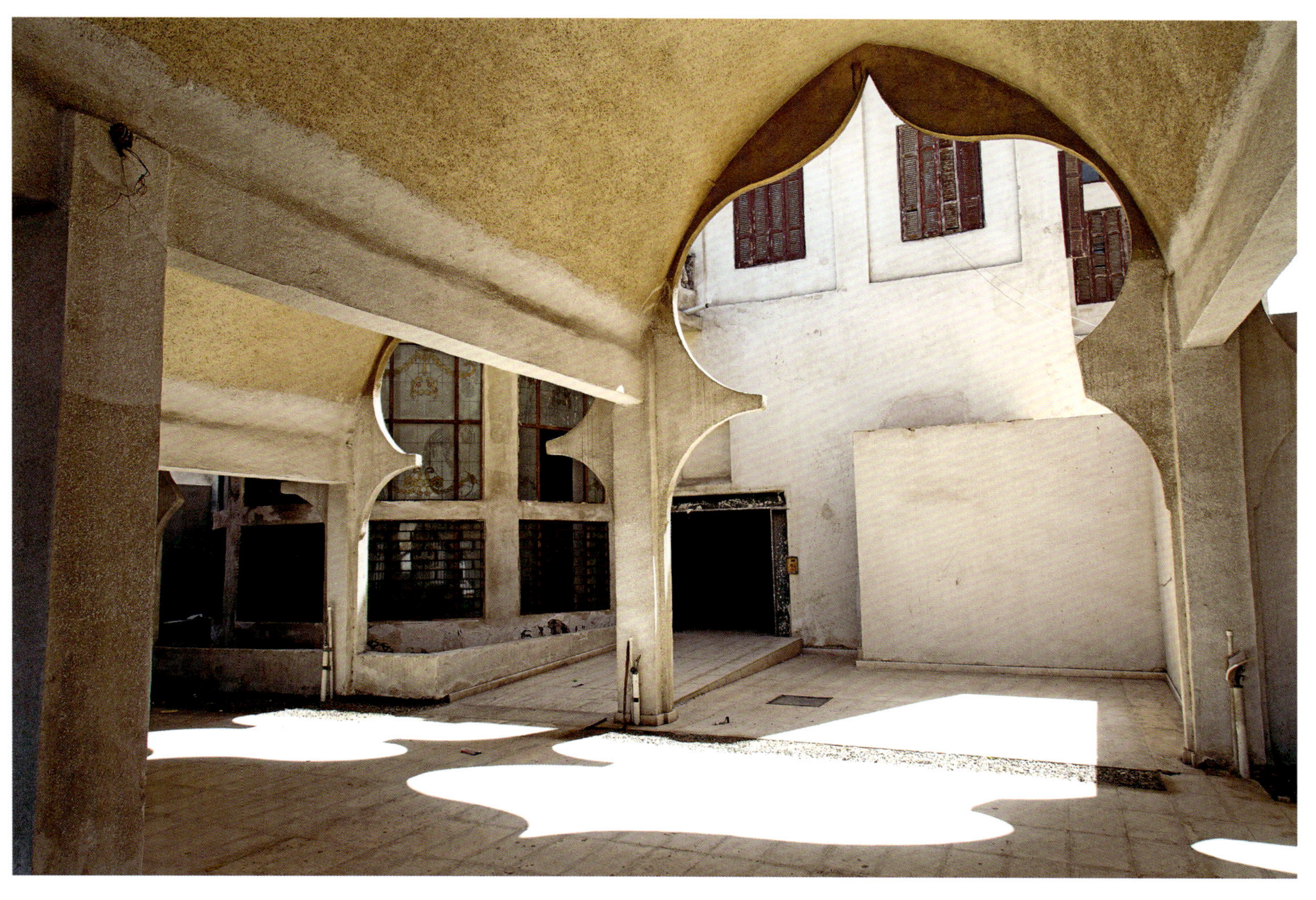

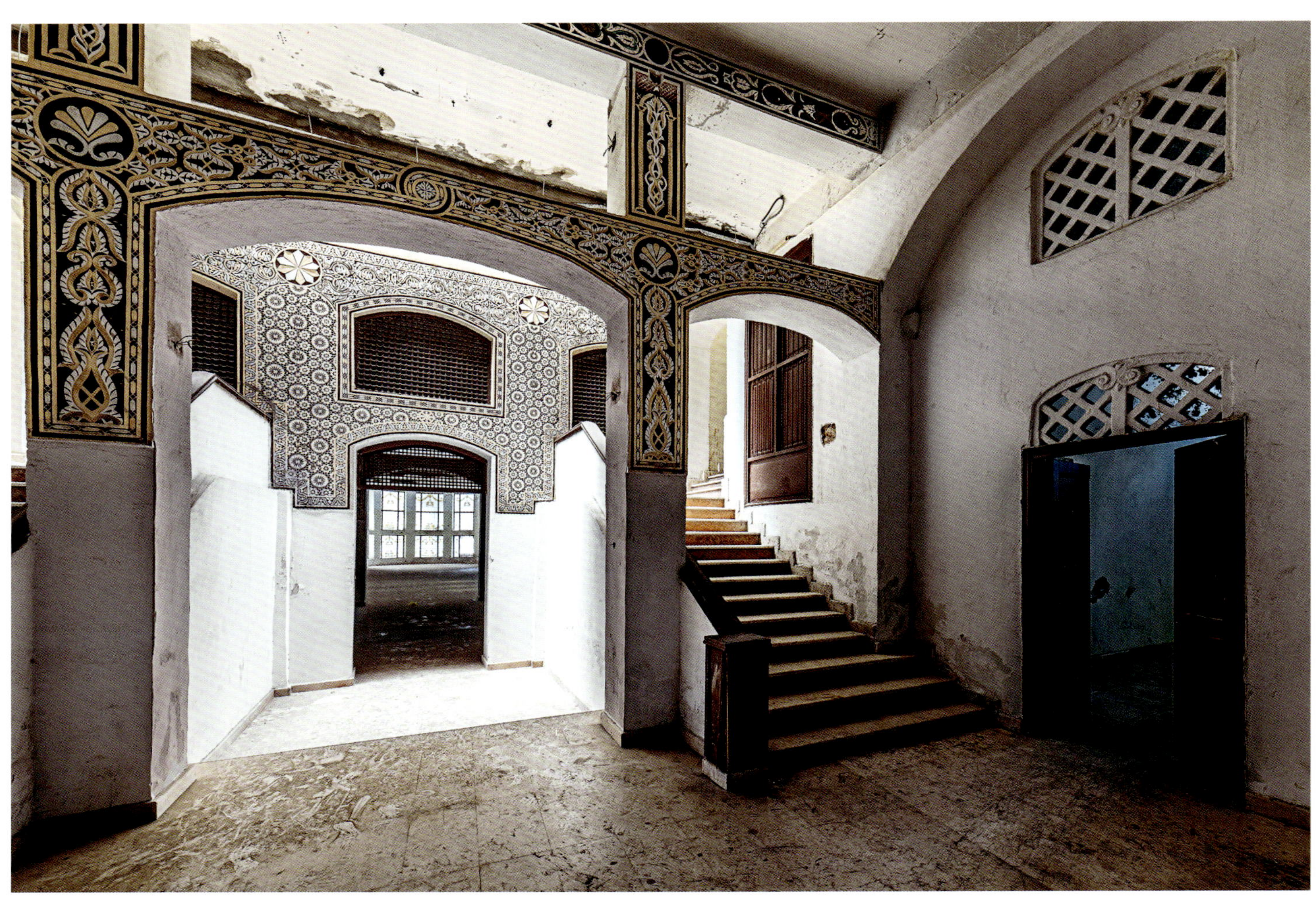

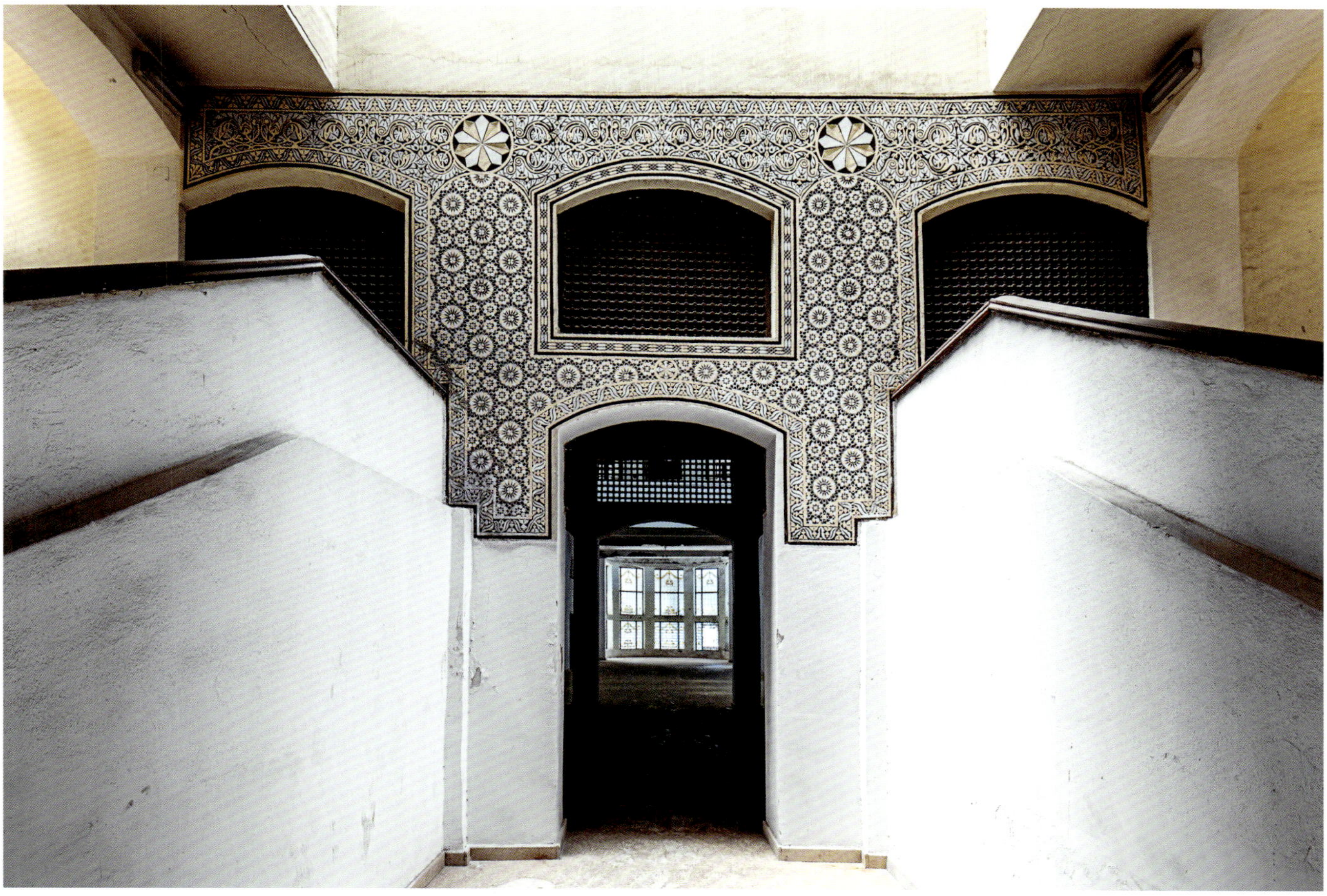

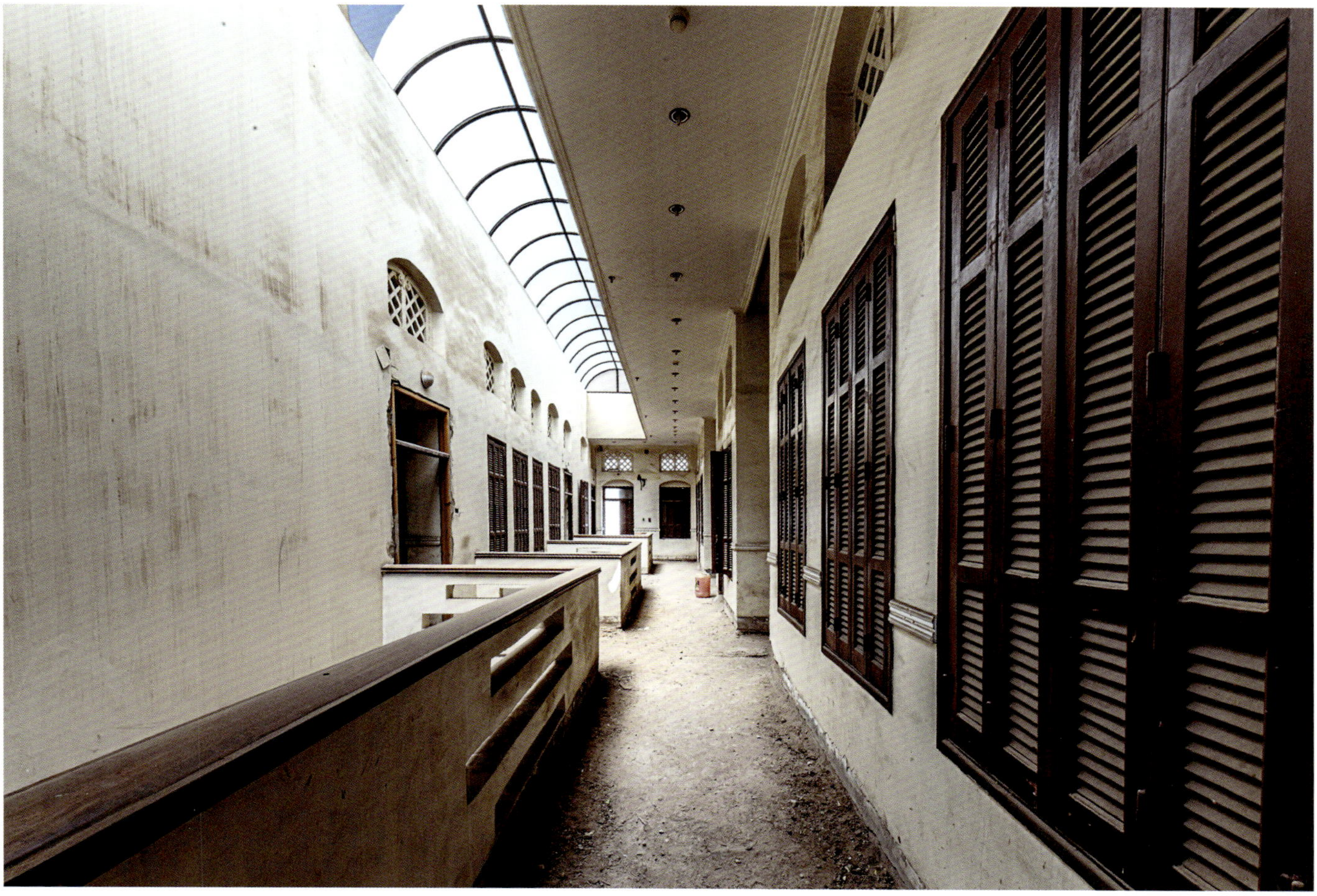

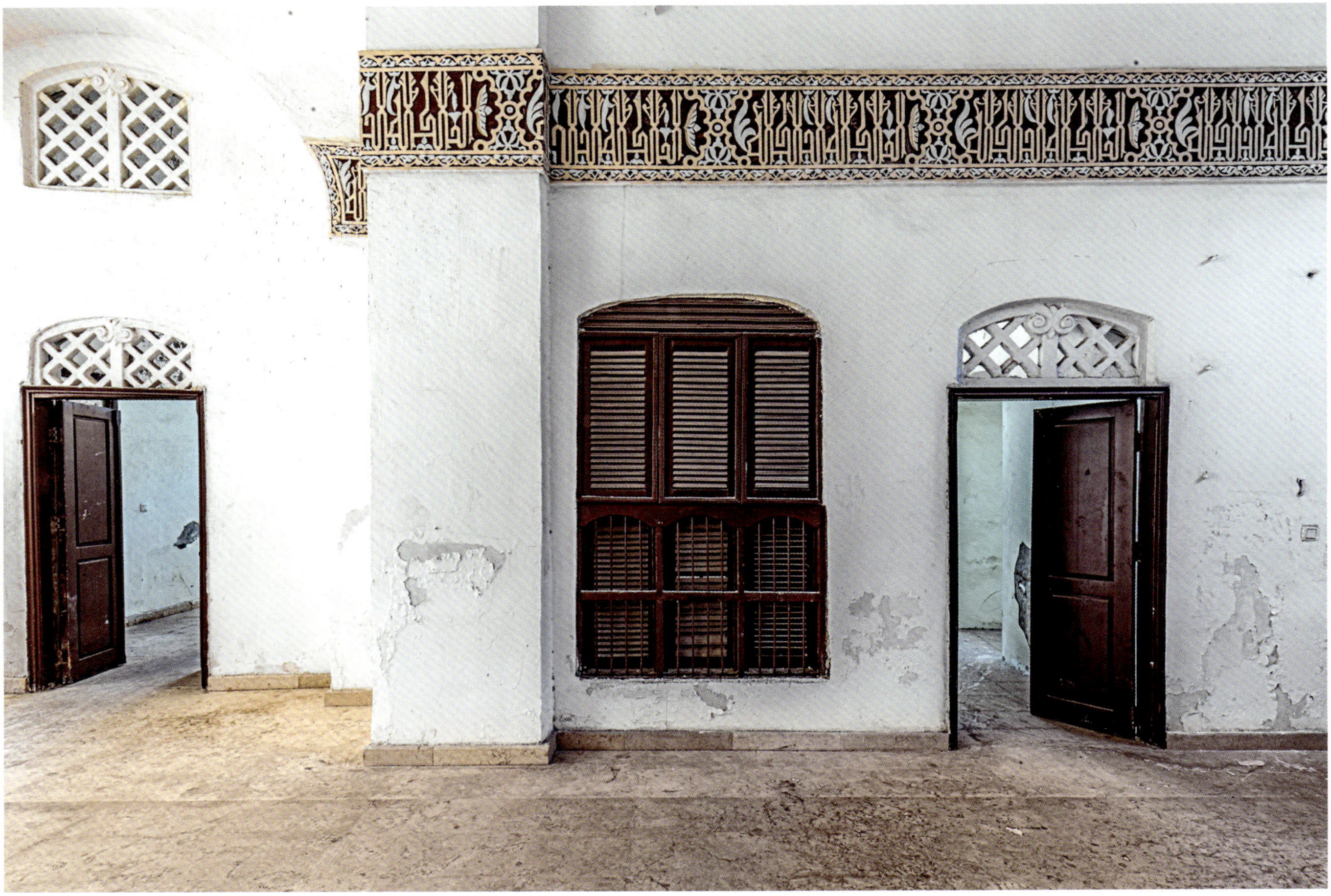

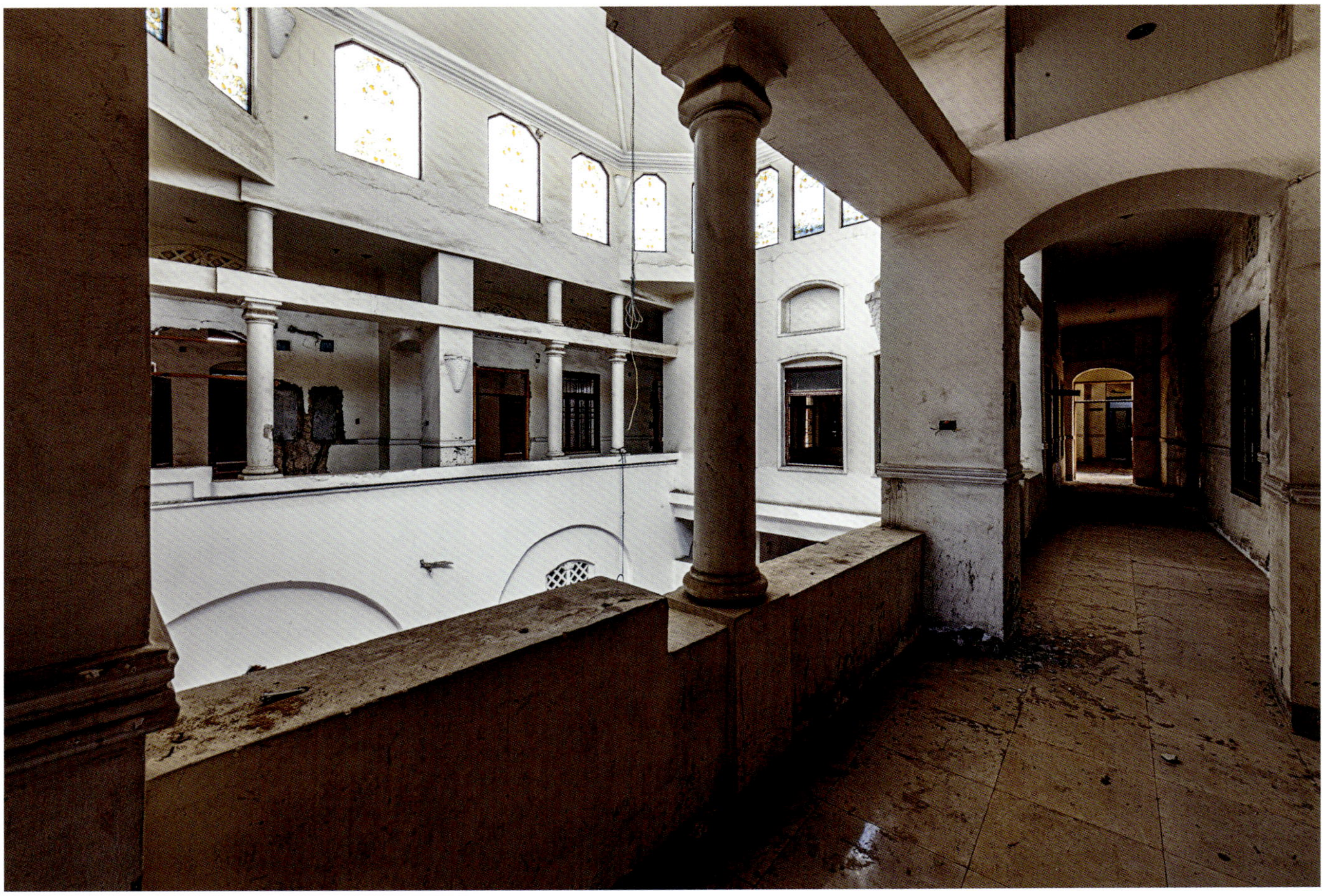

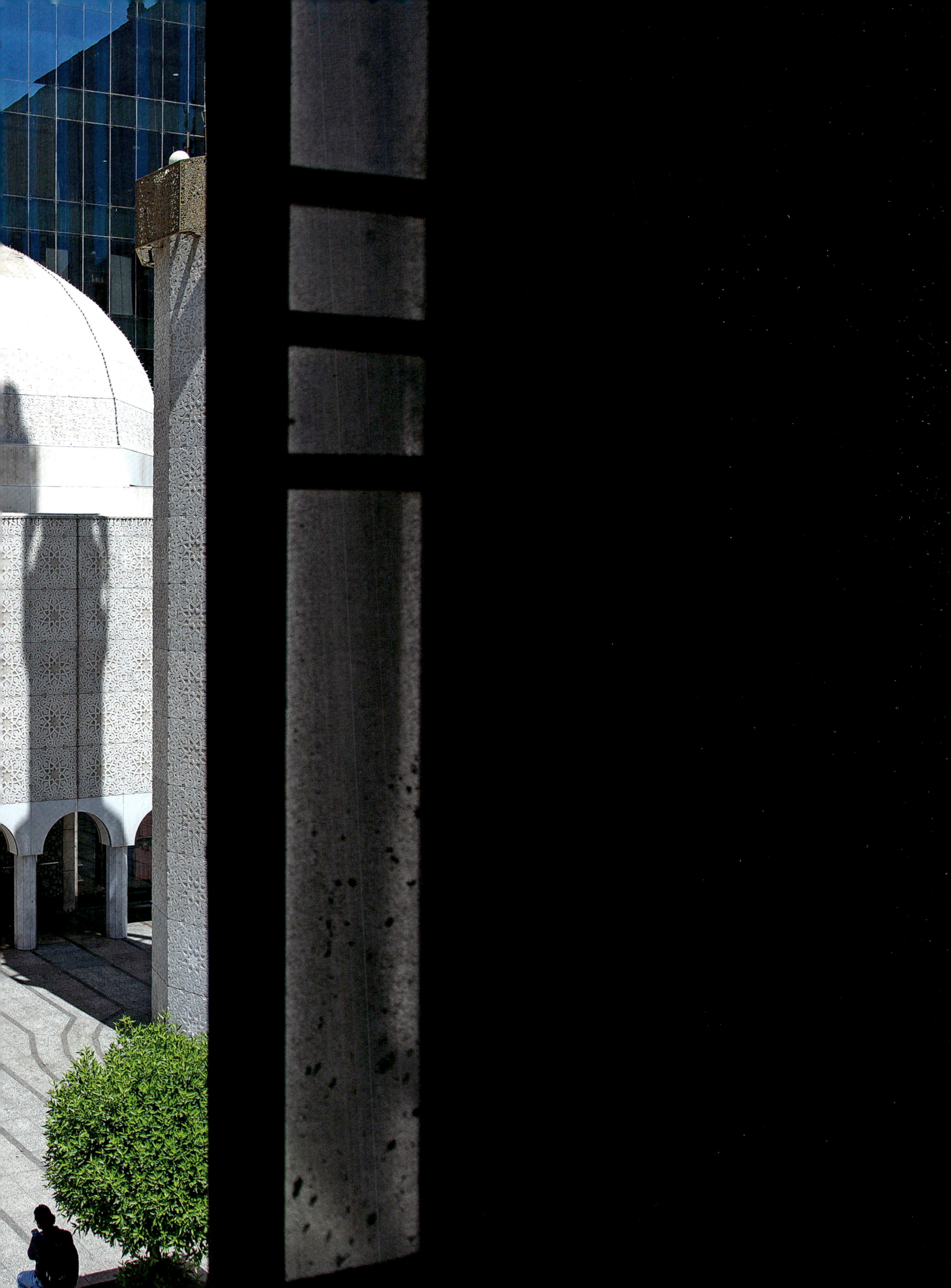

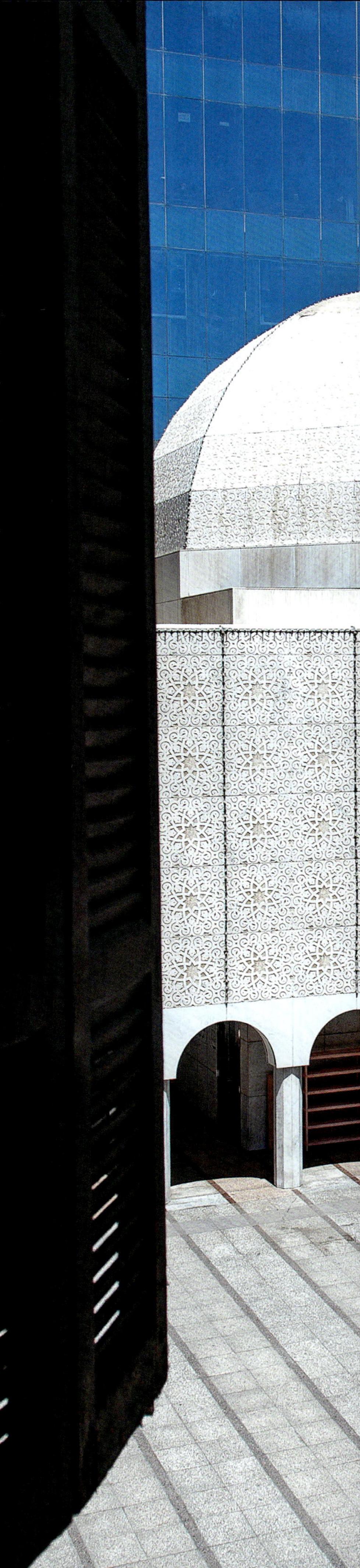

الفصل الثاني

الأبواب الحديديّة

ولئن كانت أبواباً، فبطريقة مجازيّة. باب جدّة.
باب الحجاز. باب الحجّ. هذا ما يمكن أن توحي به
هذه الصور.

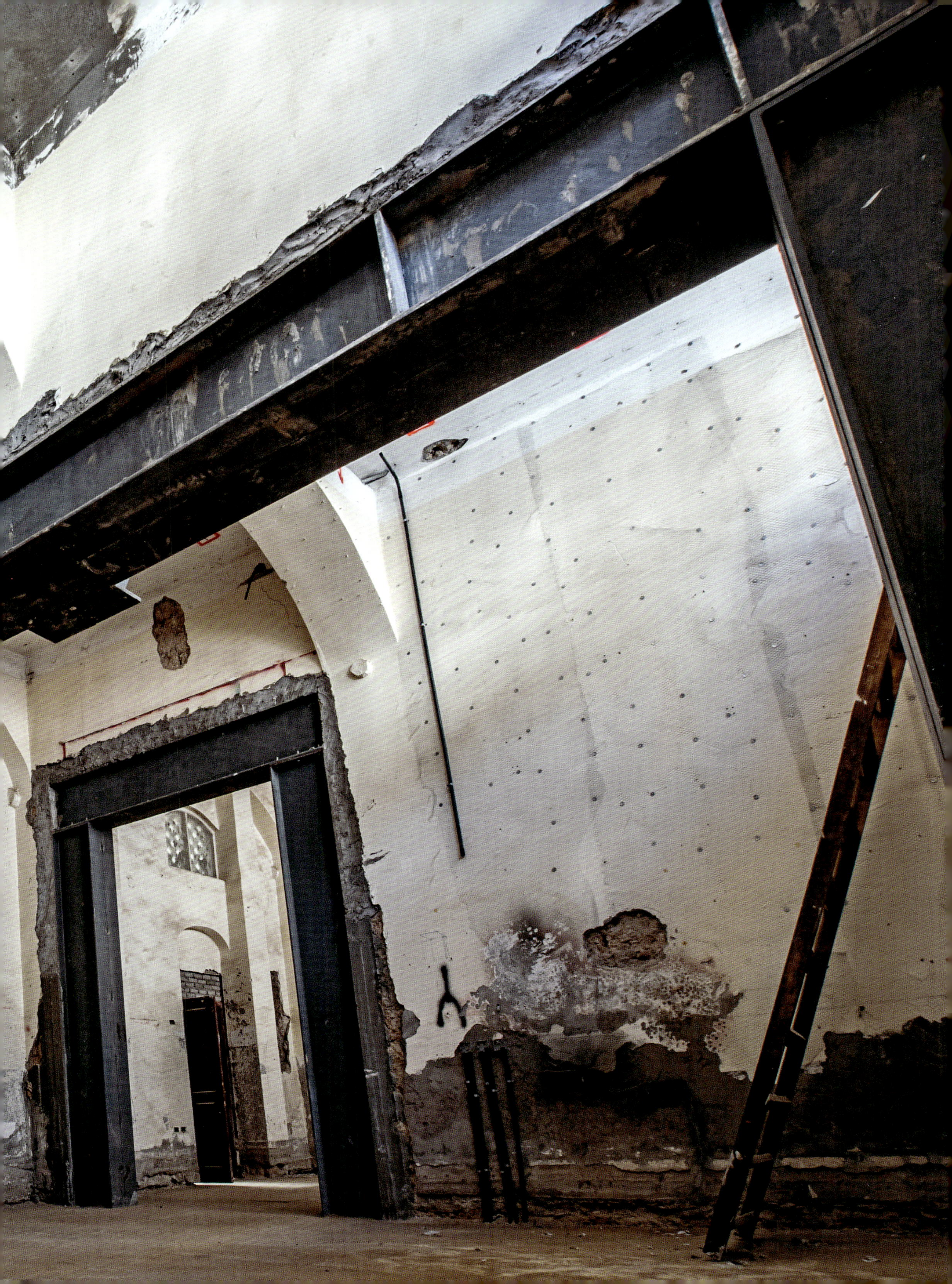

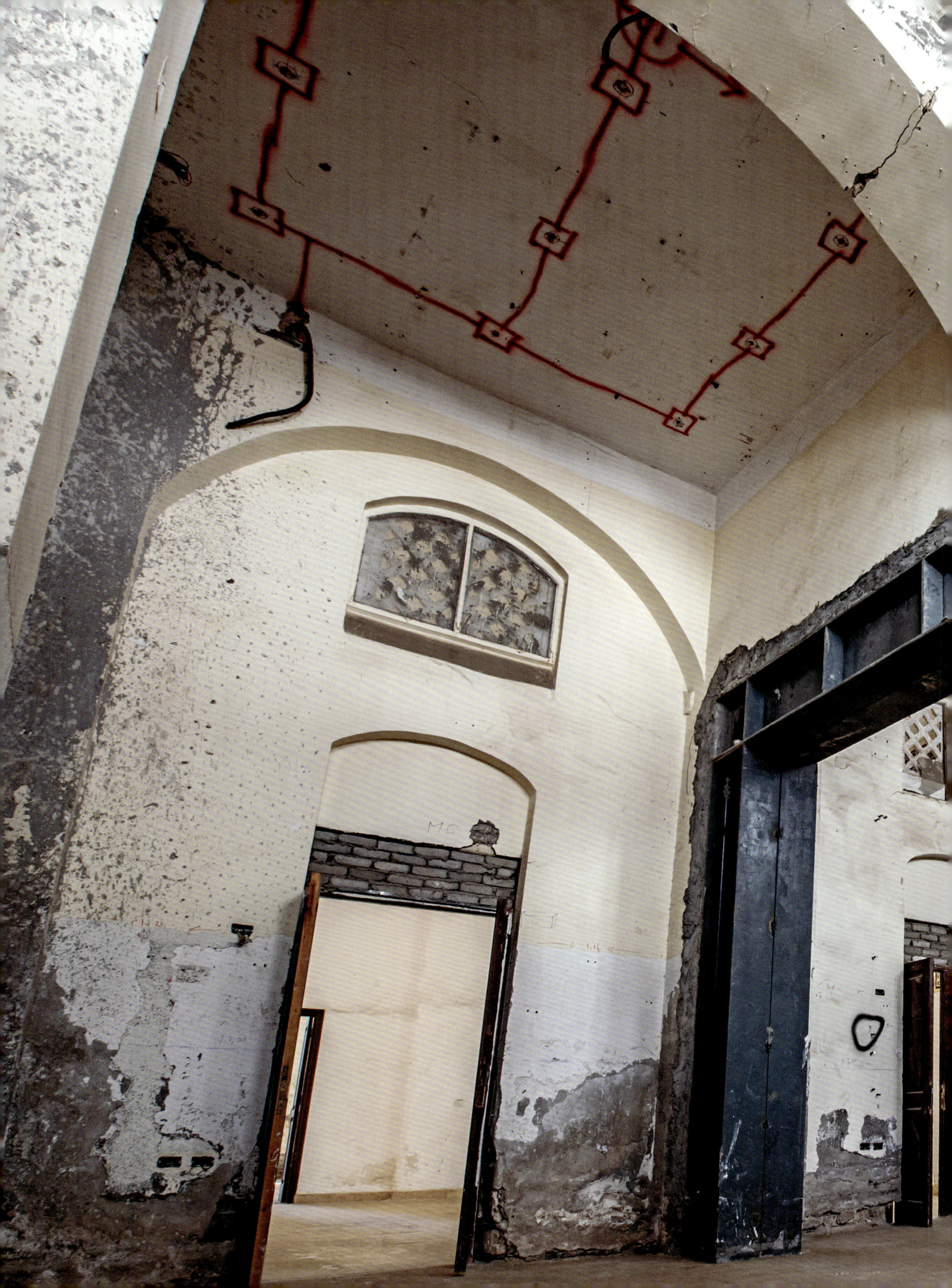

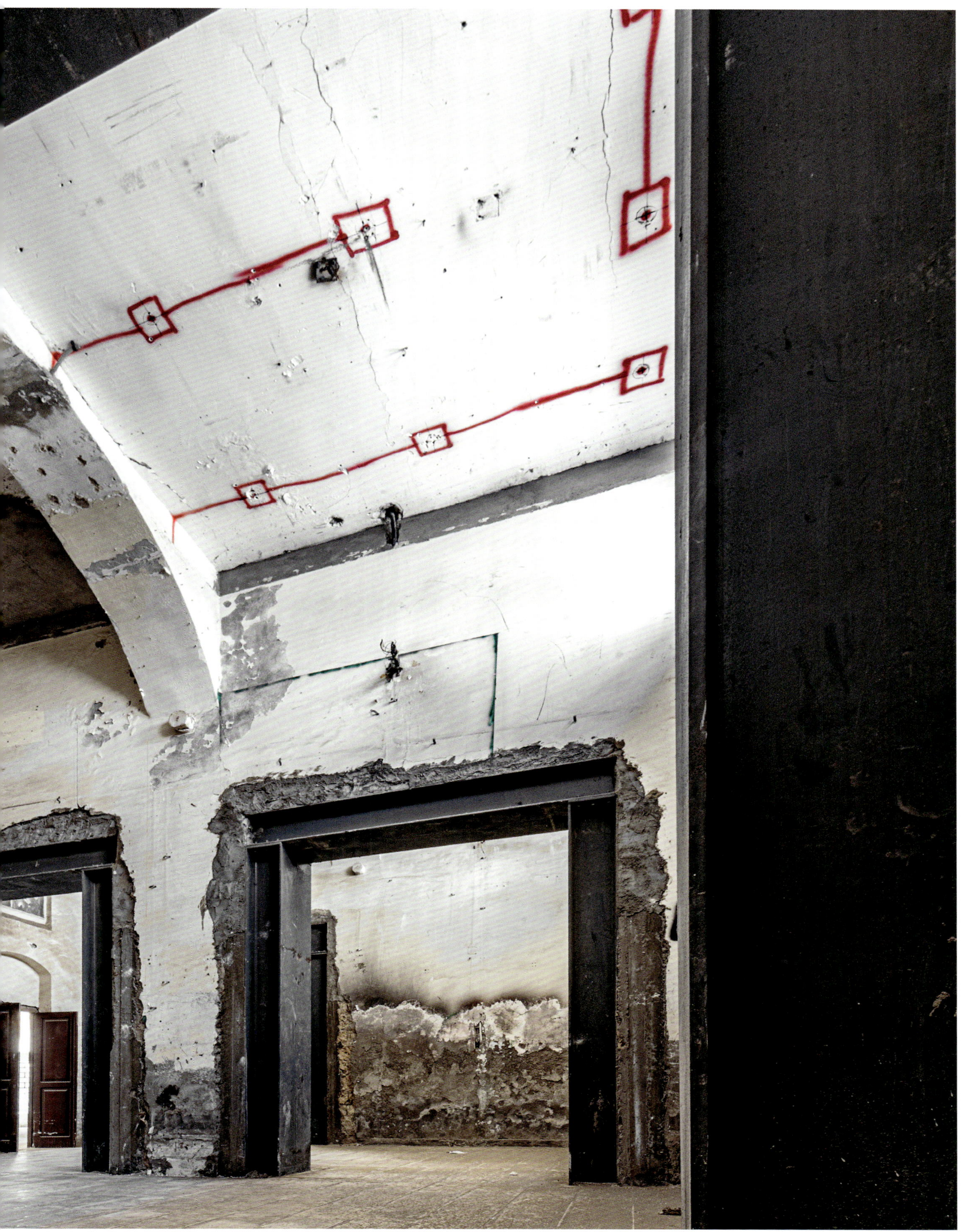

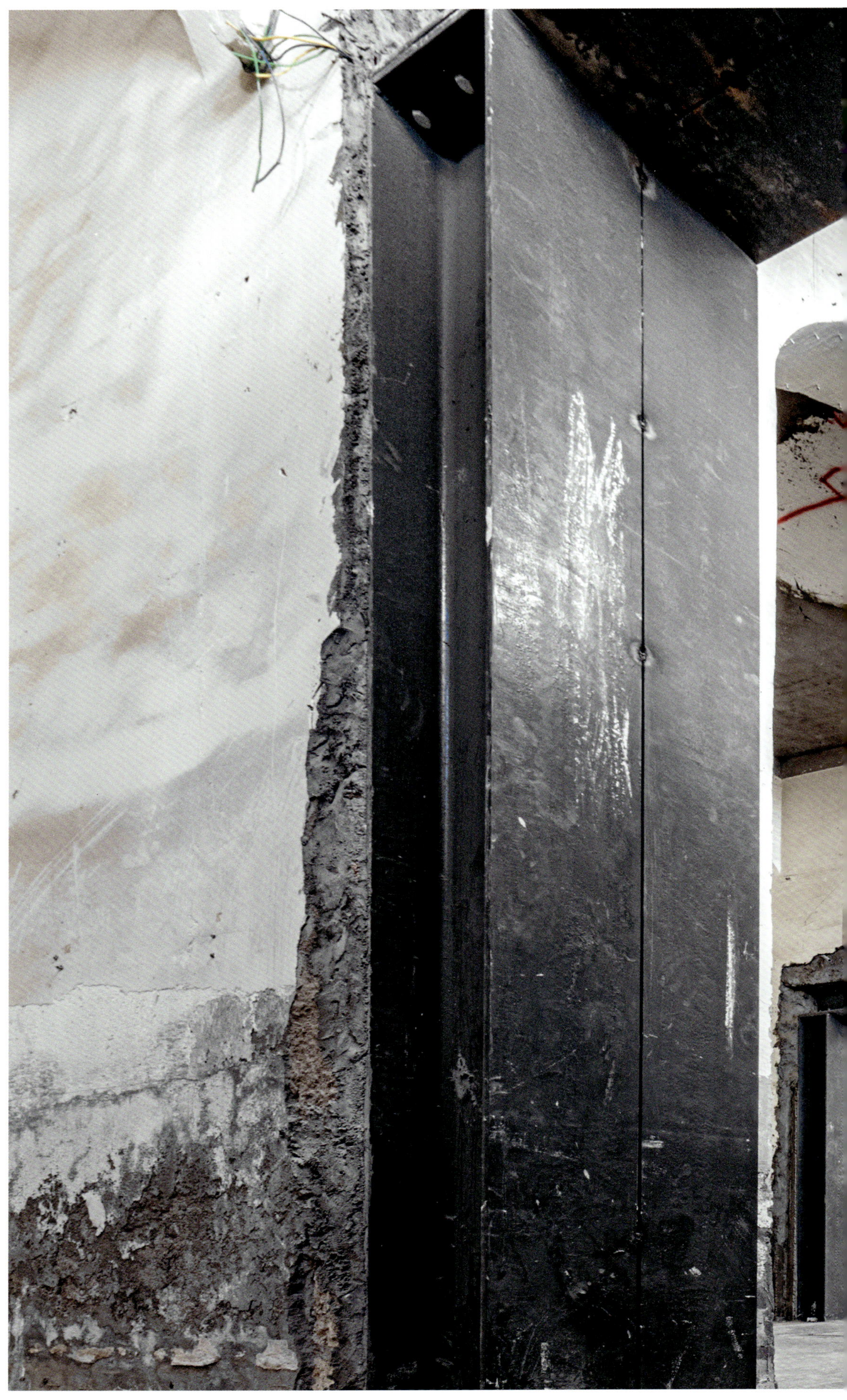

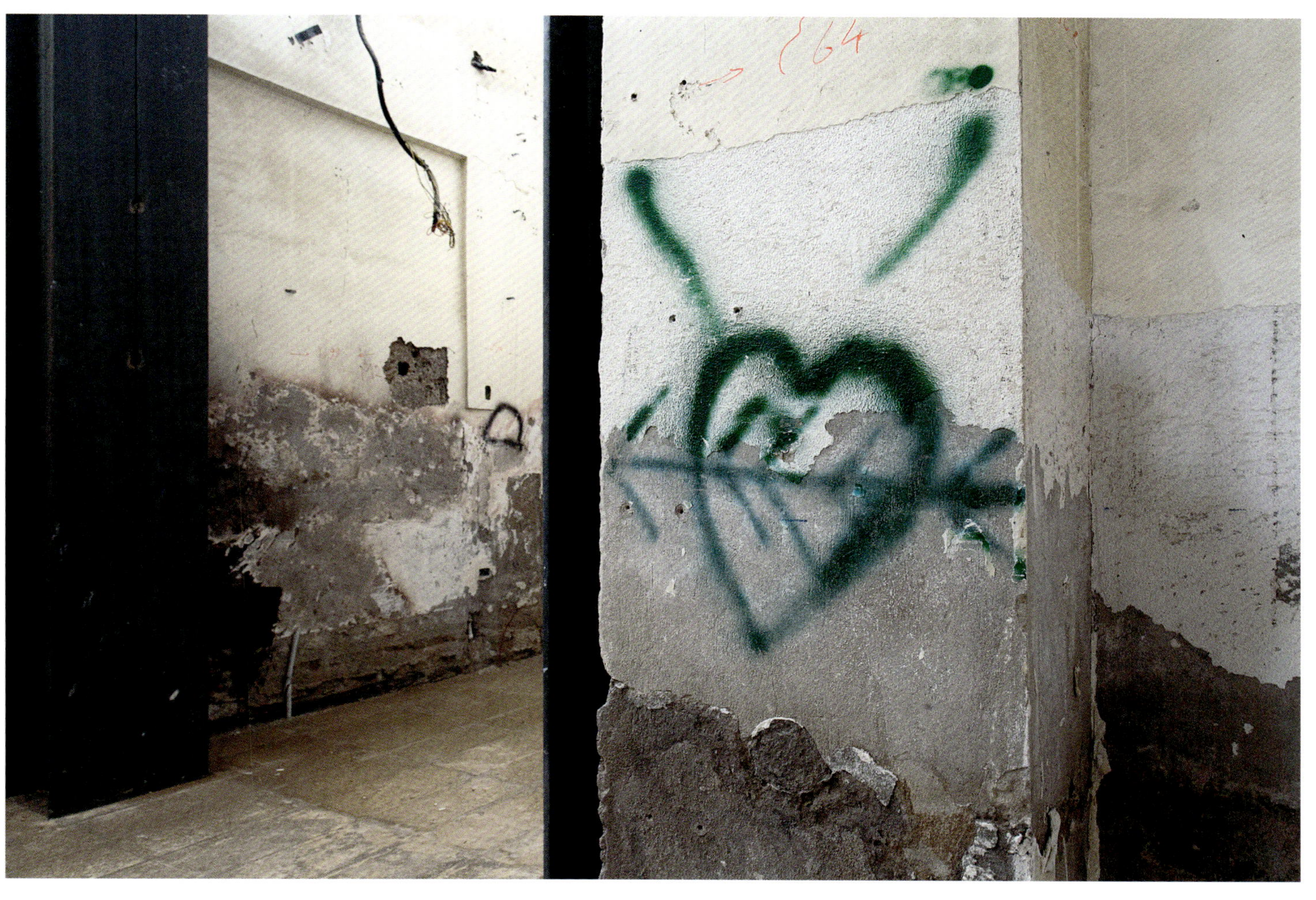

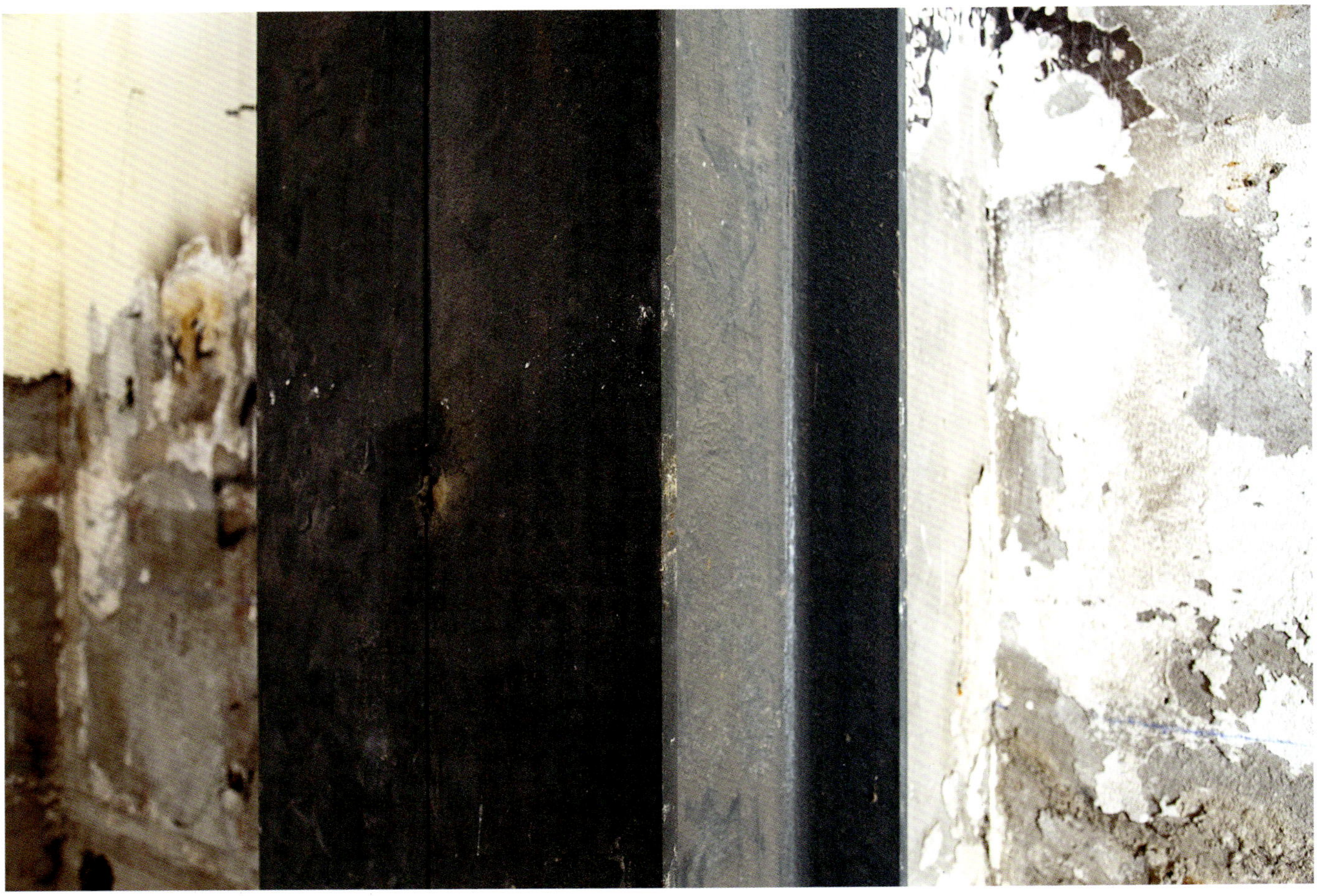

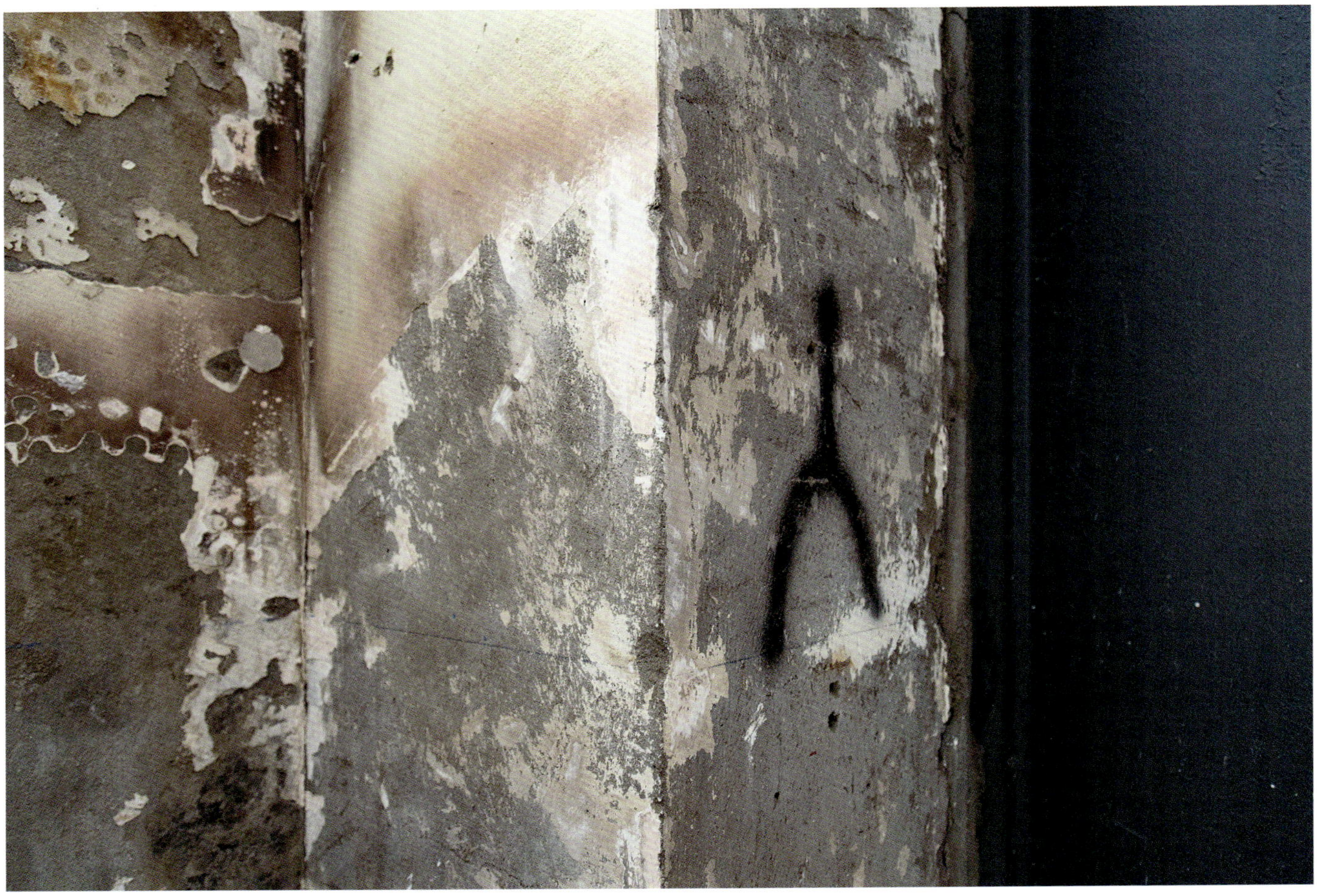

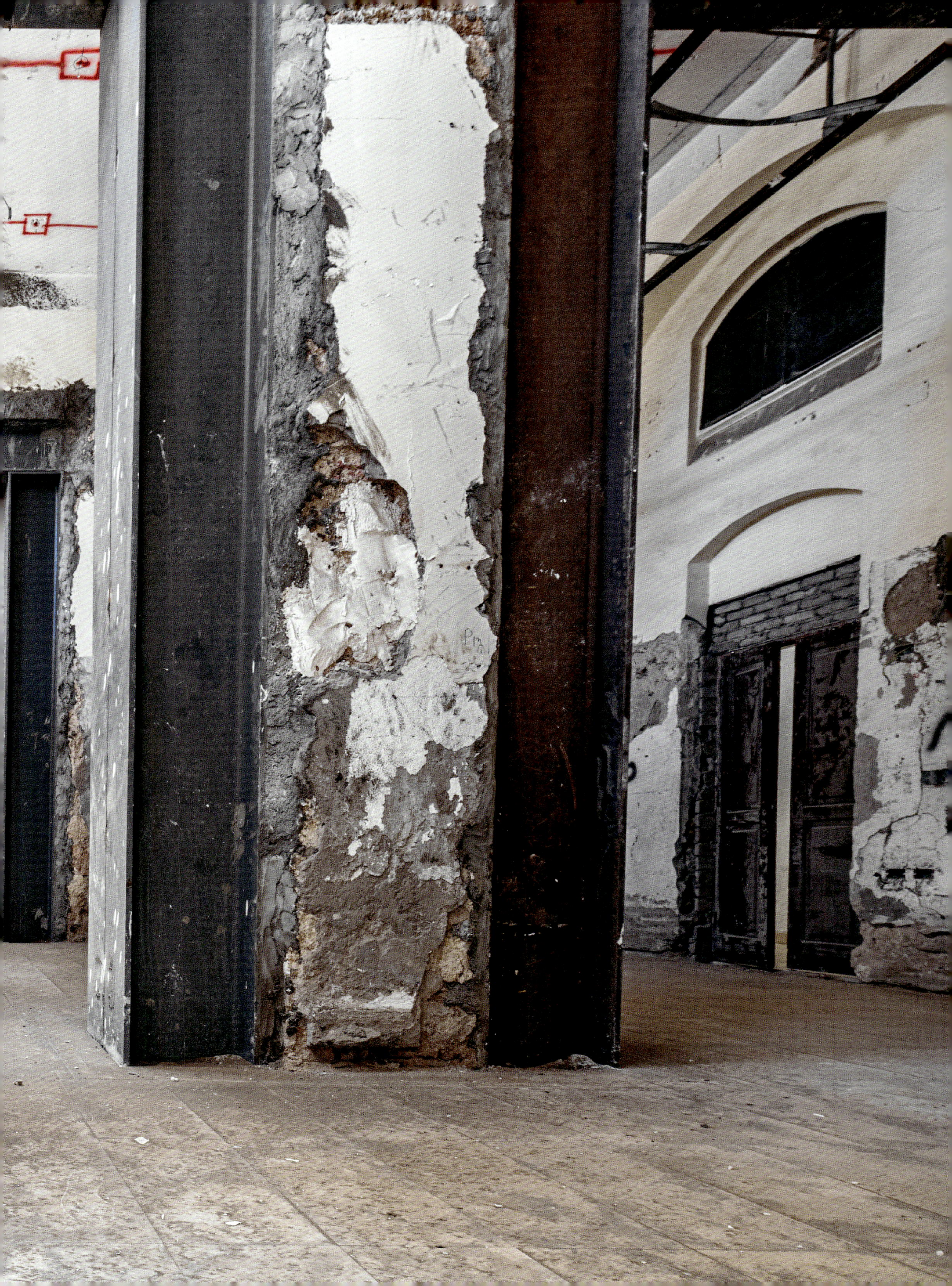

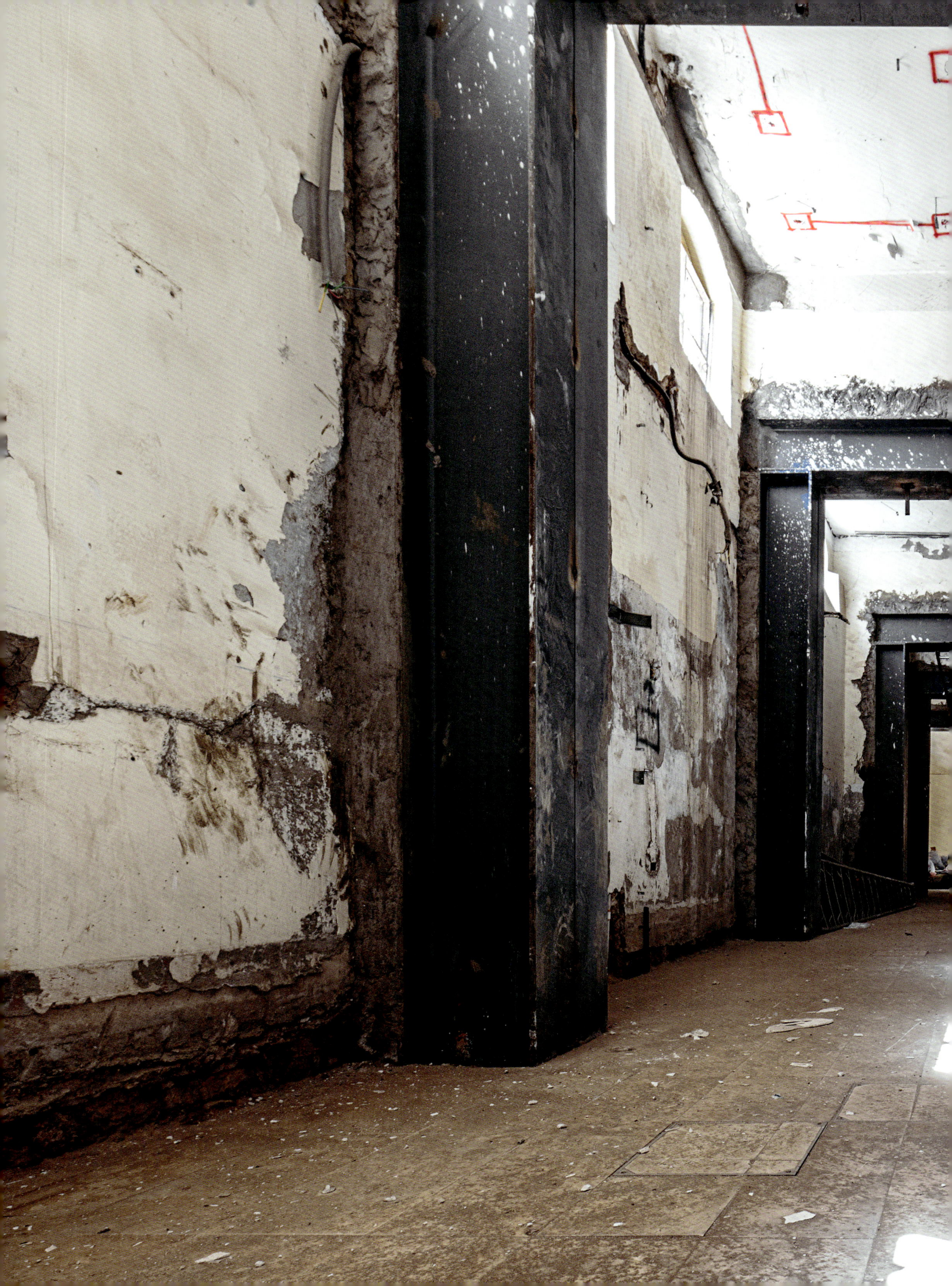

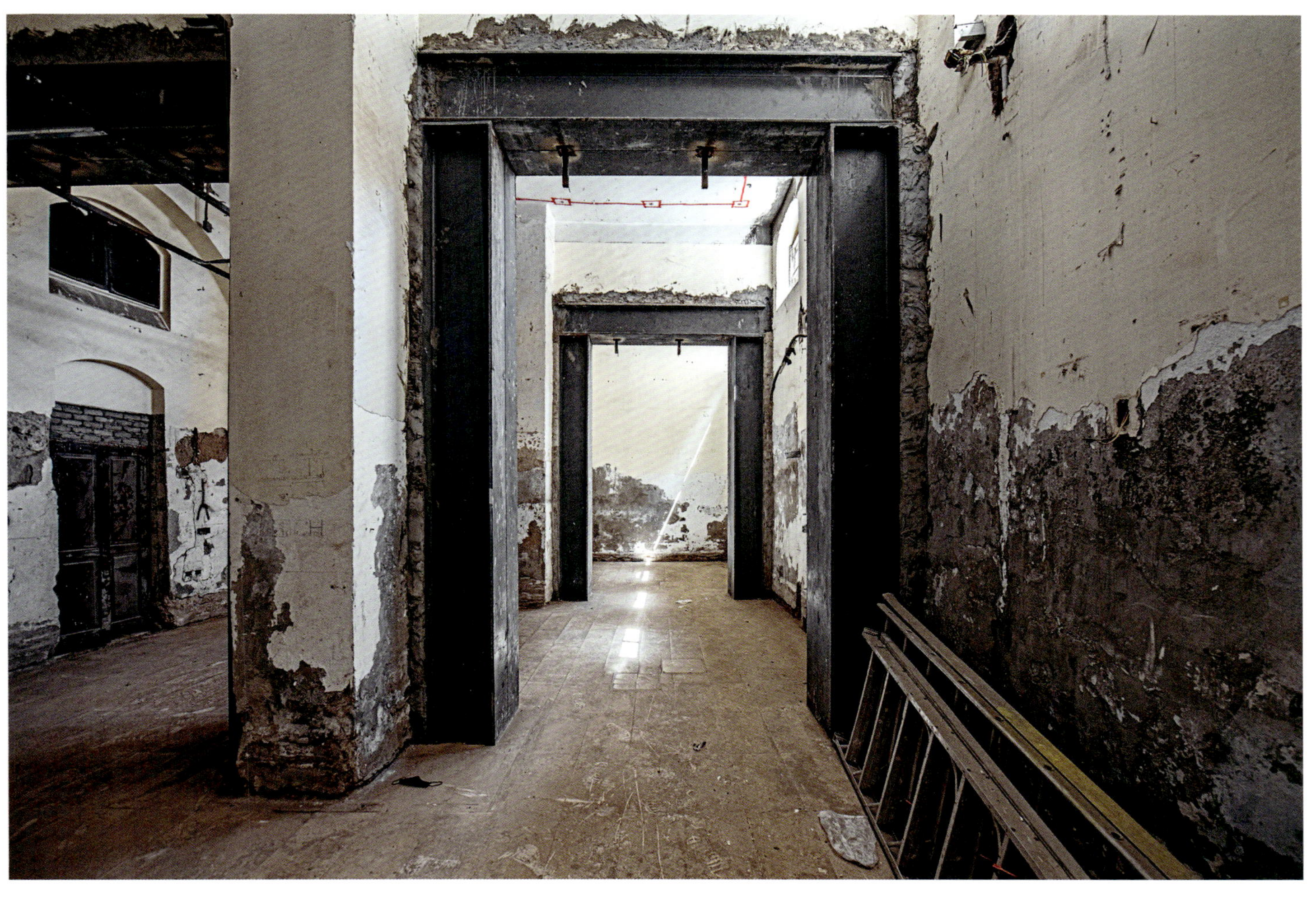

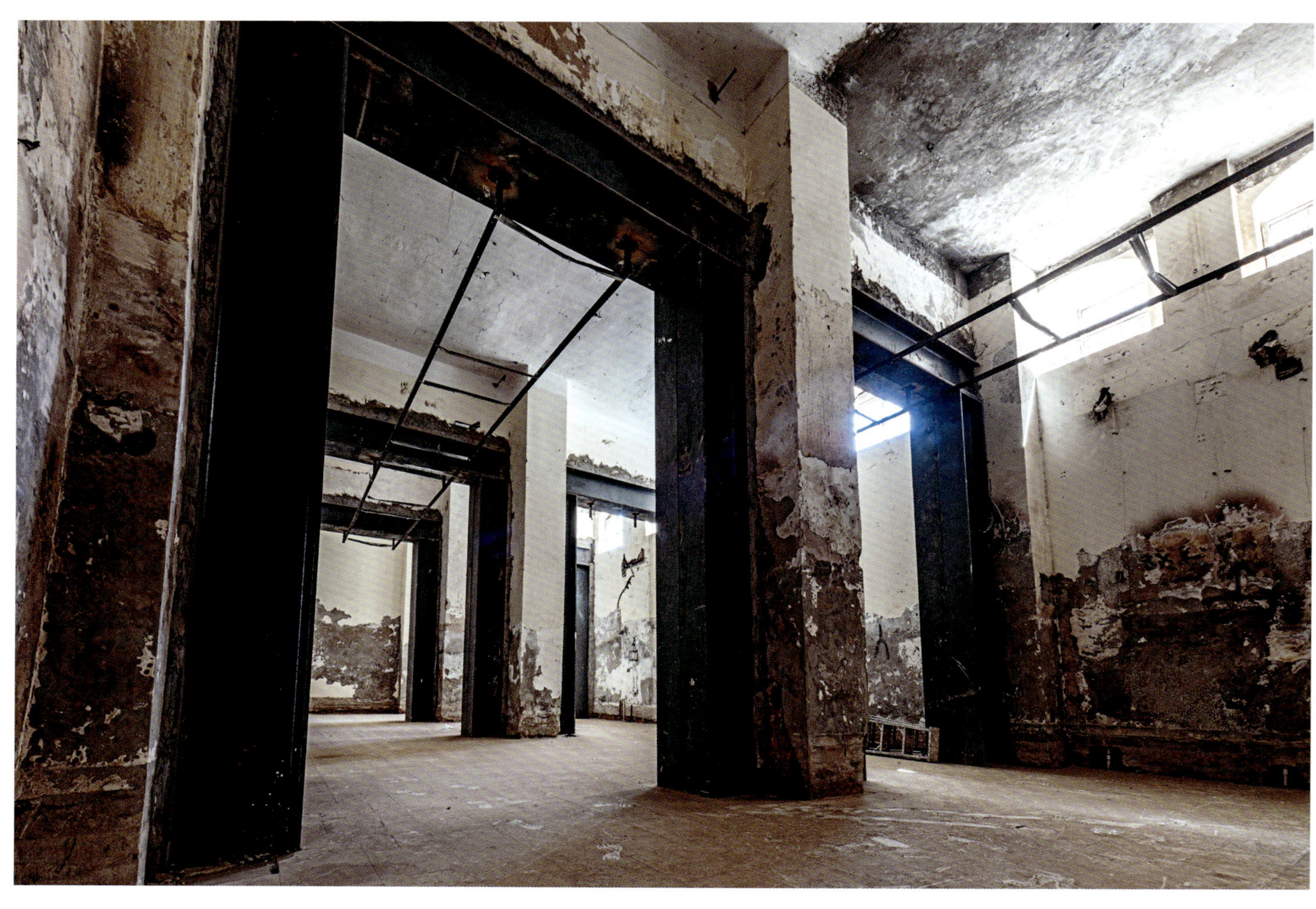

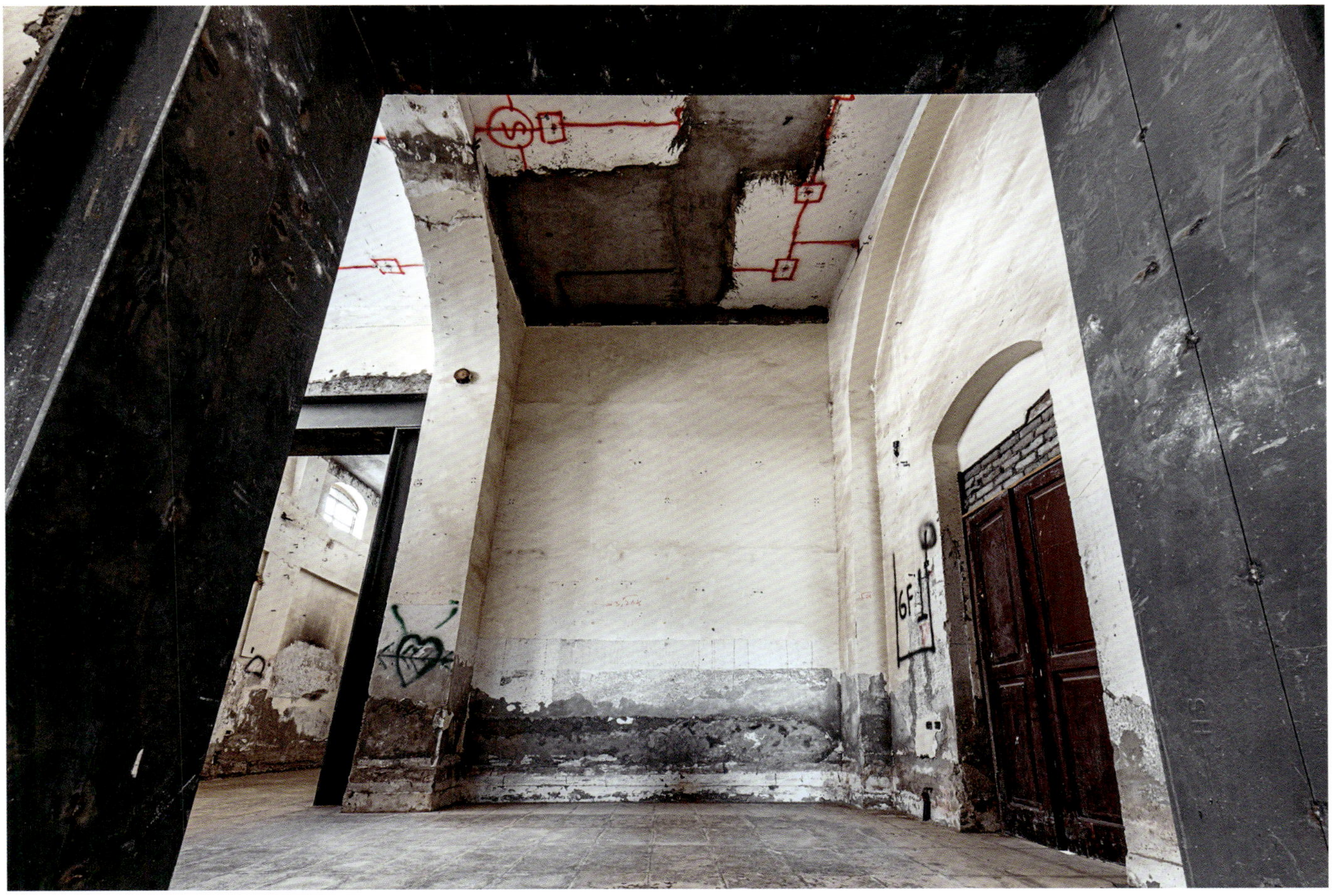

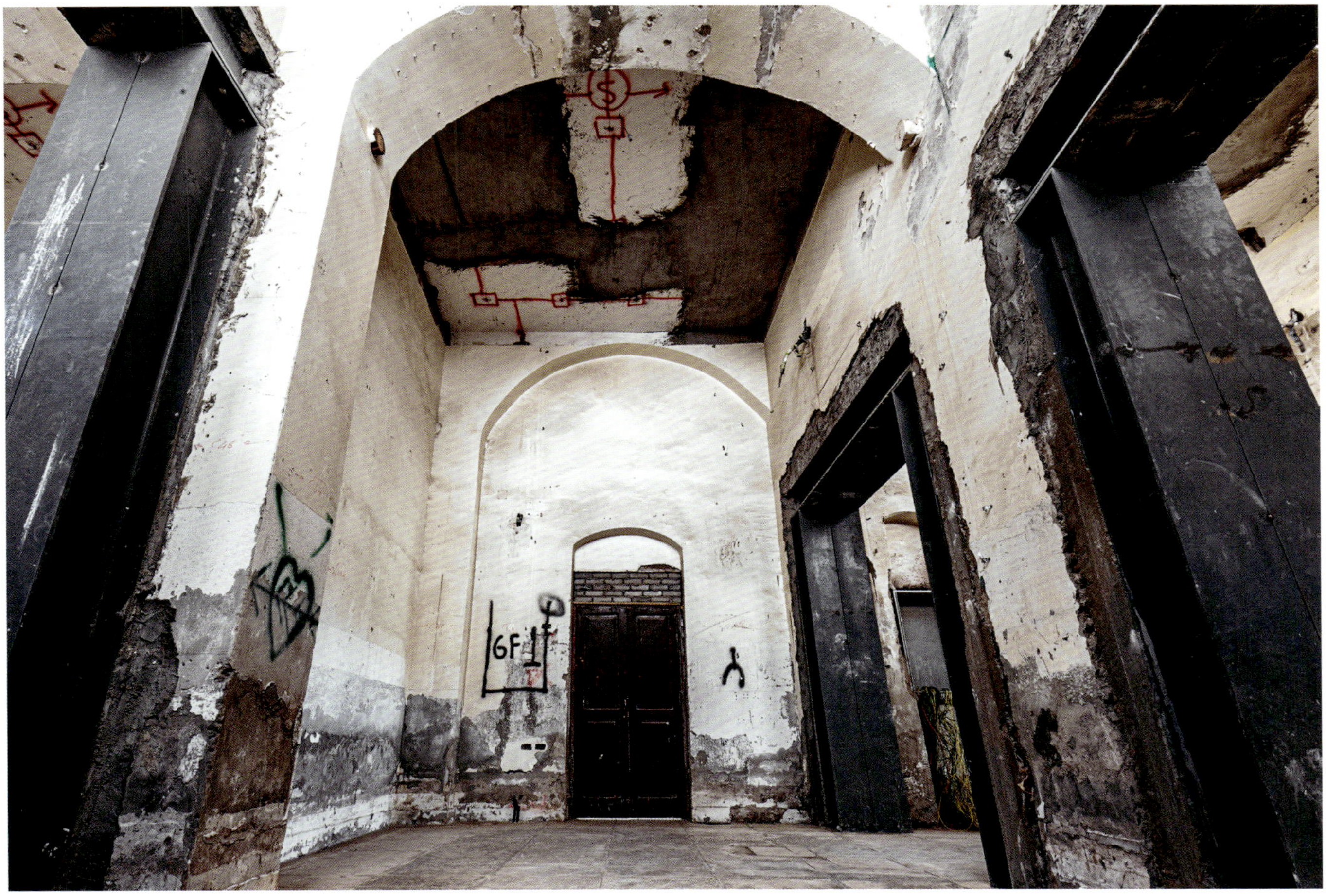

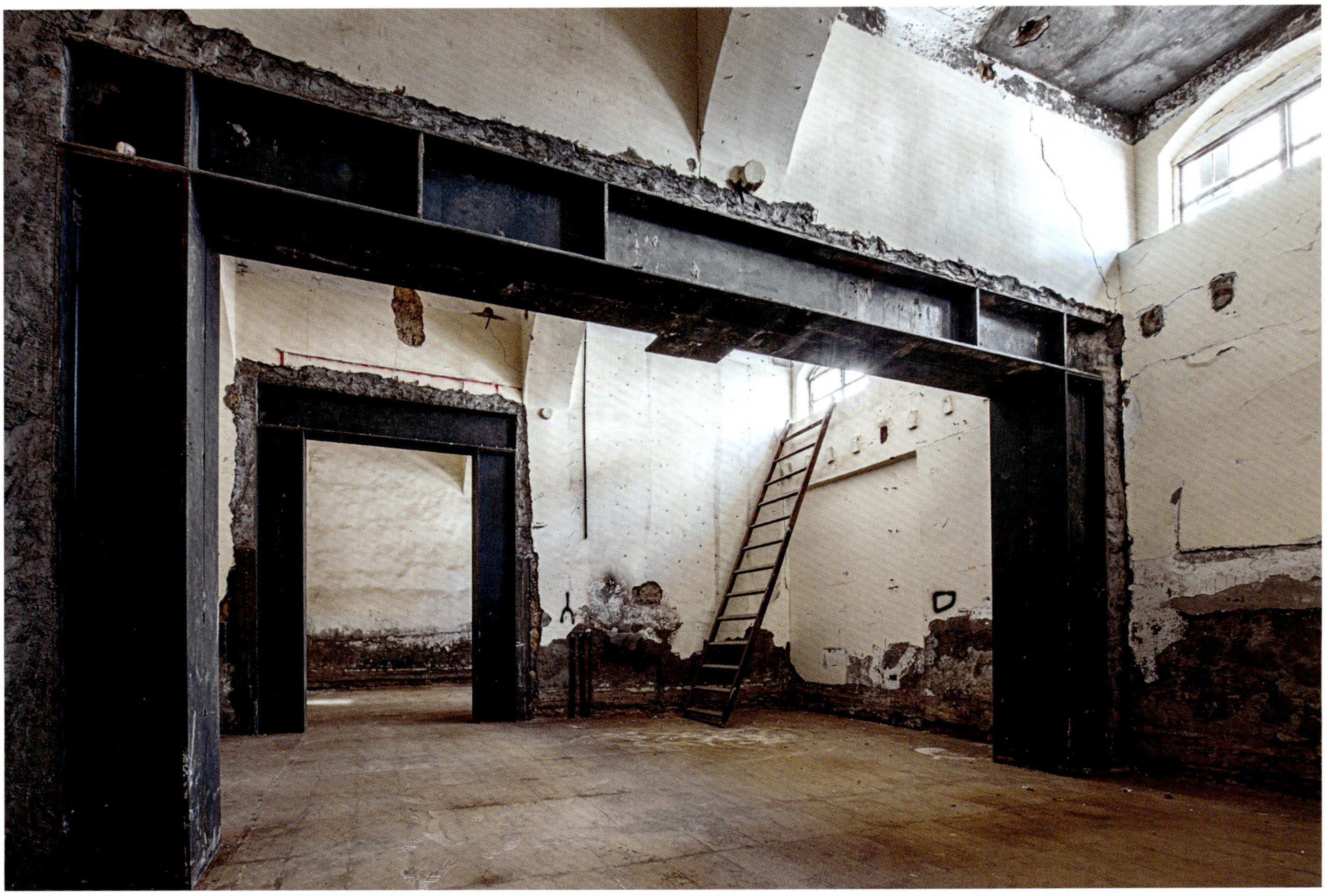

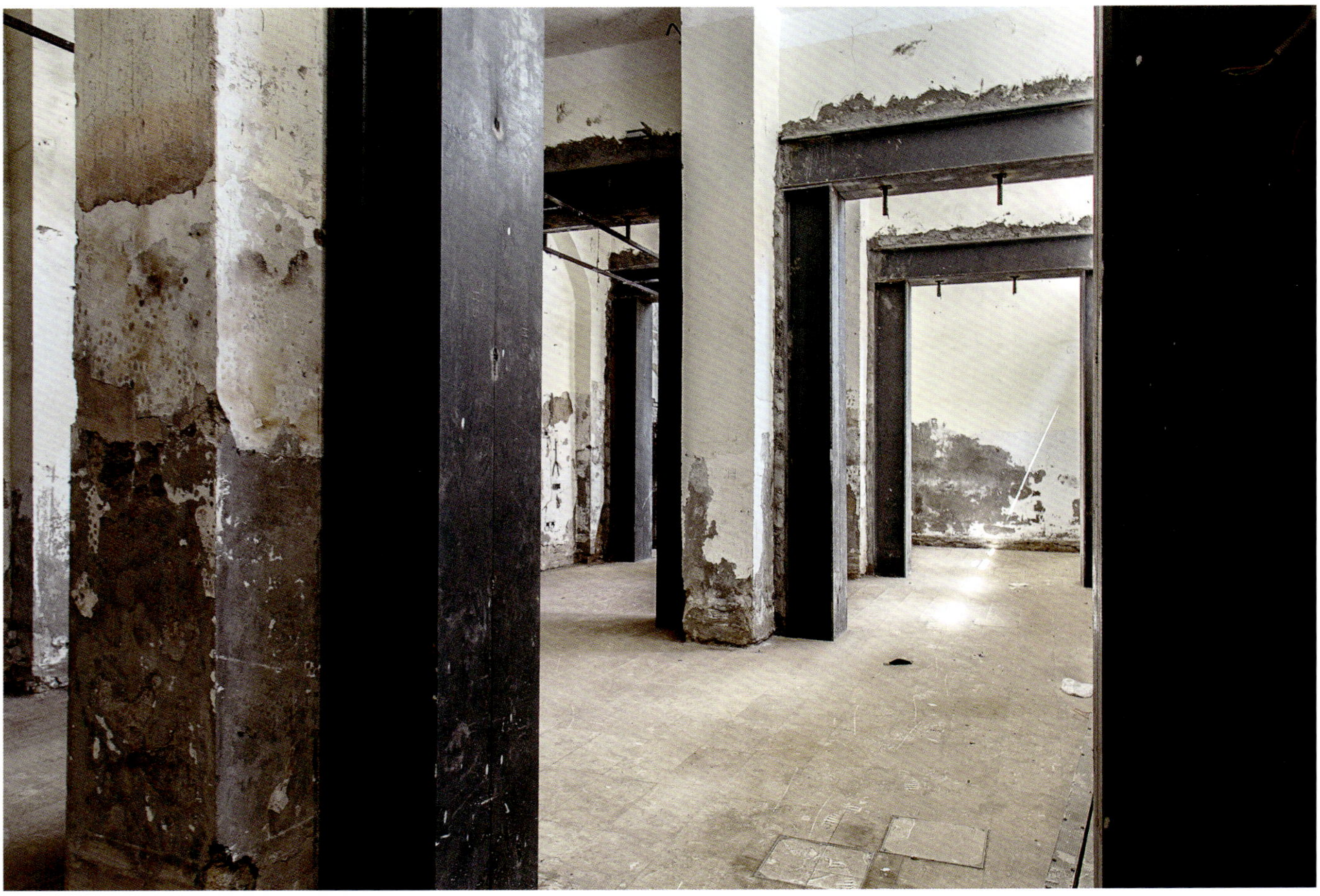

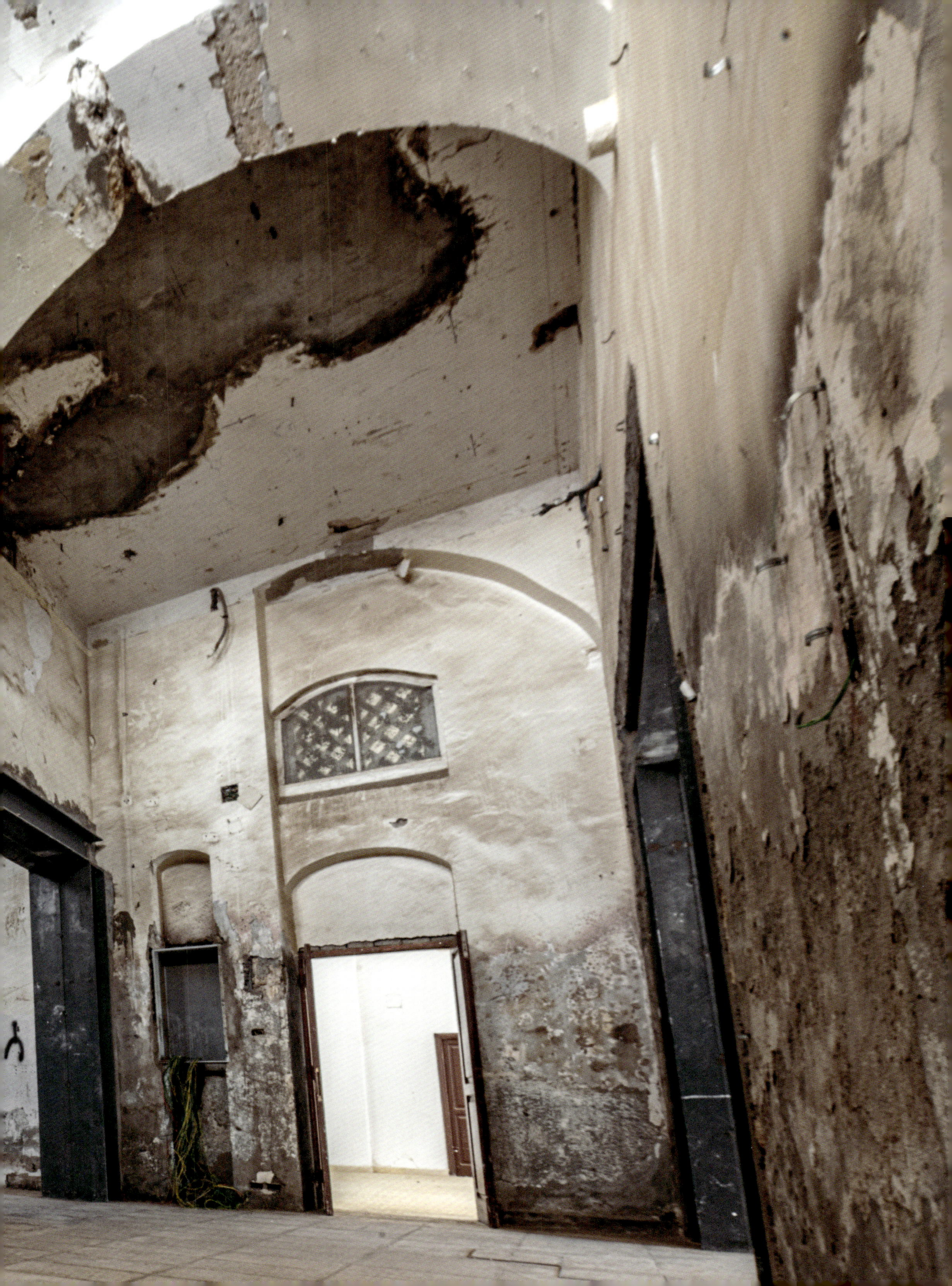

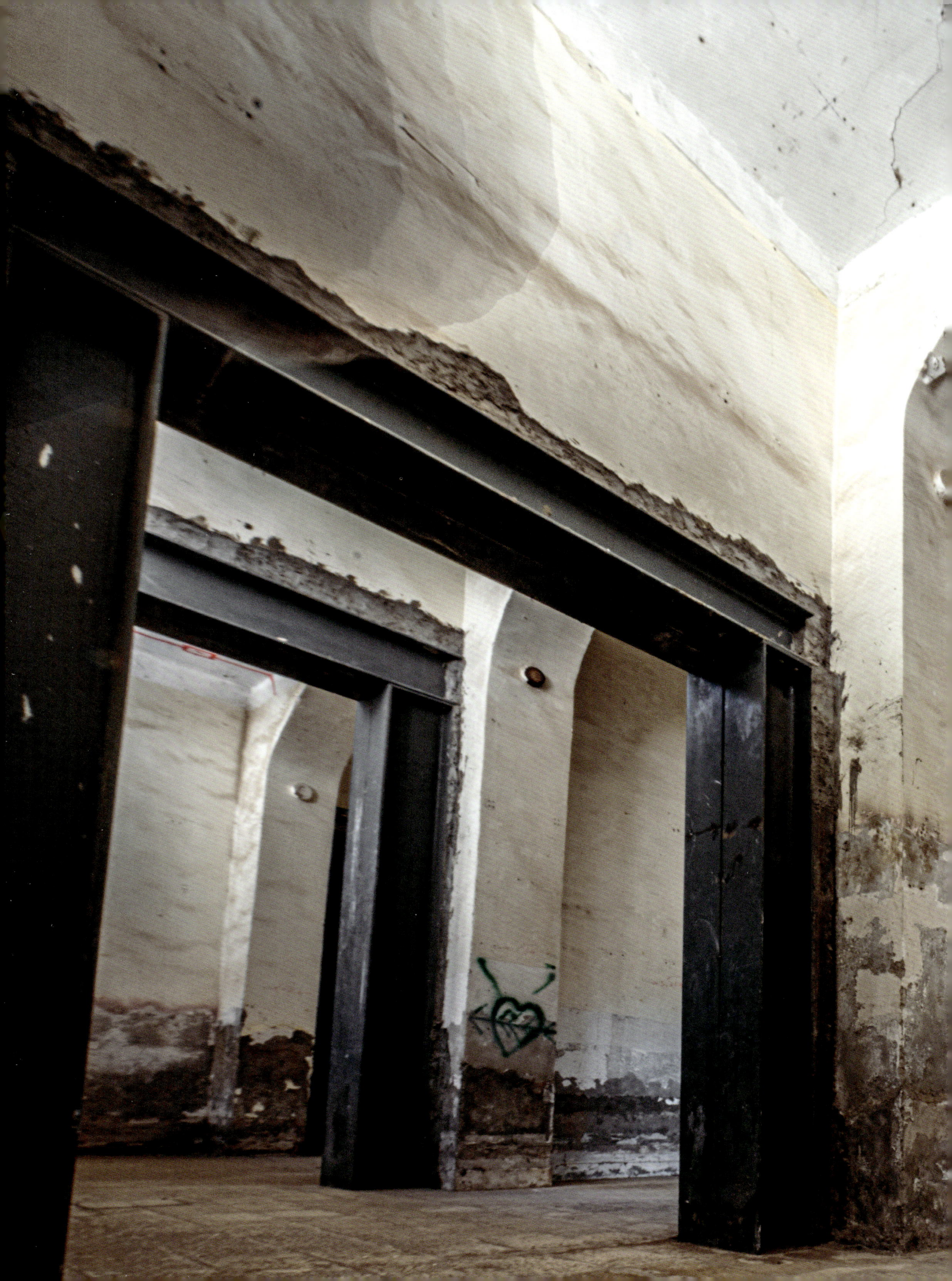

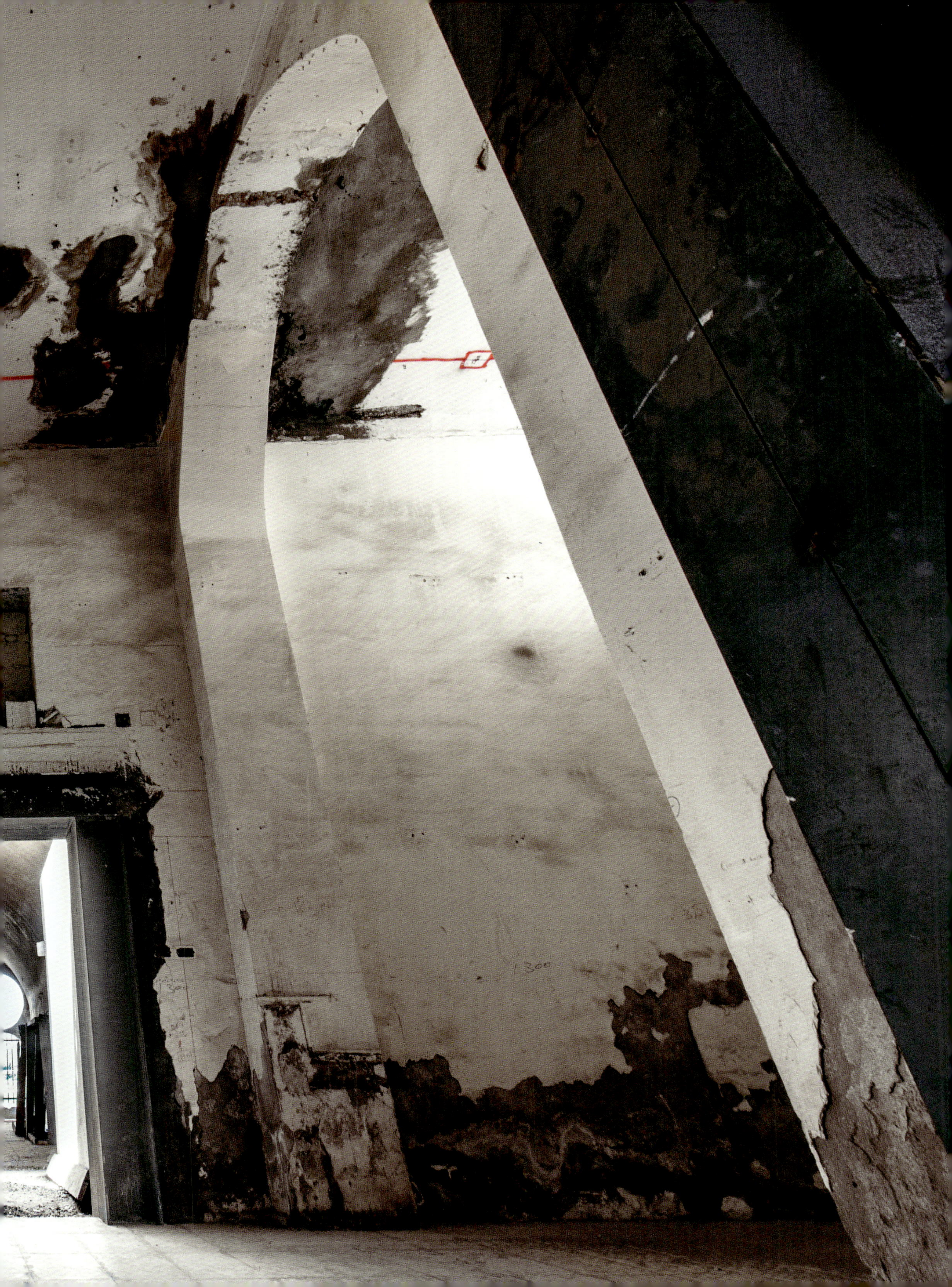

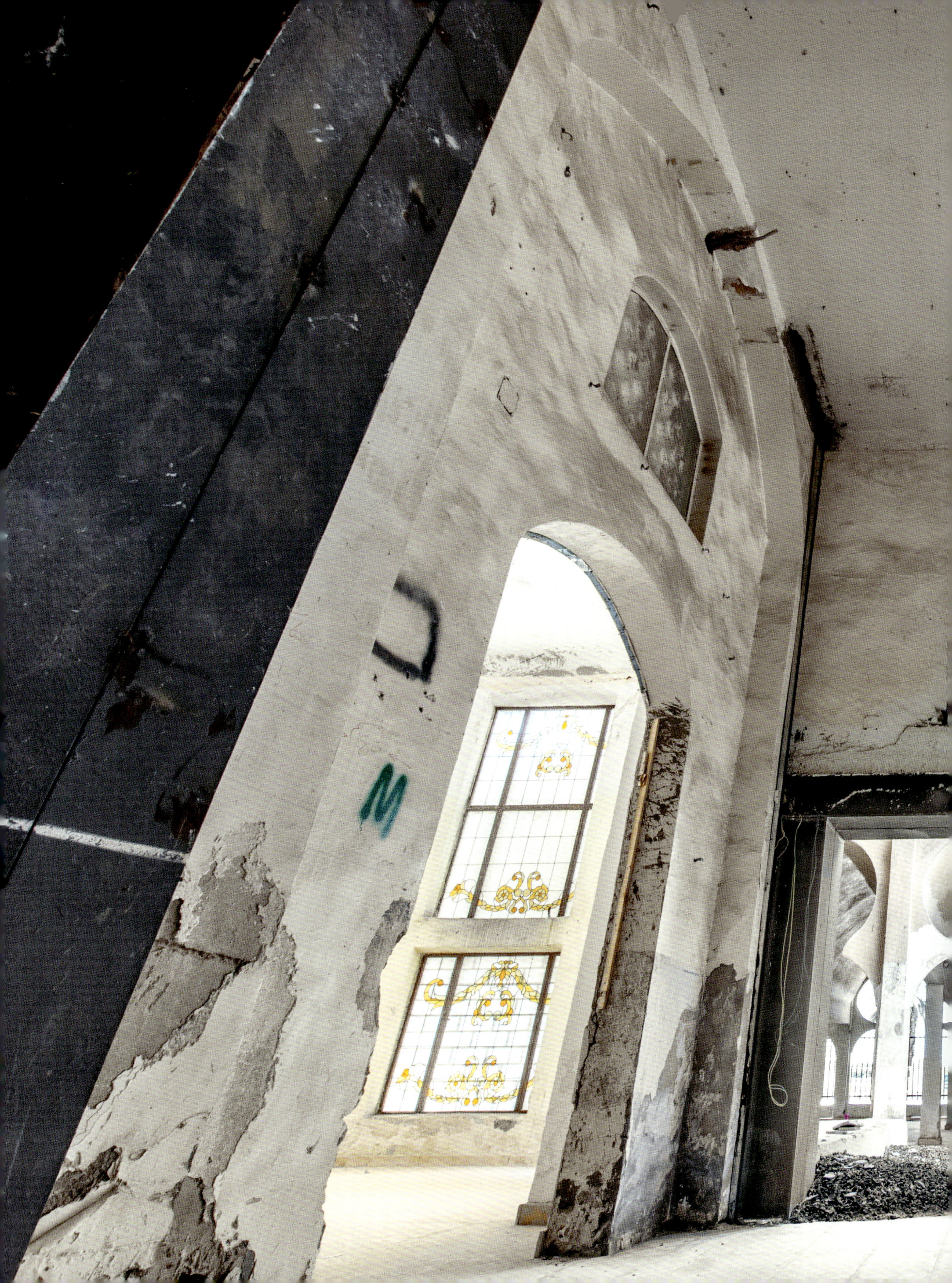

الفصل الثالث

على تخوم التجريد

من خلال هذه العلامات والآثار، التي قد تبدو زهيدةً وطفيفةً، تتشكّل وتتراءى، على تخوم التجريد، جغرافيا معيّنة أو كوزموغرافيا، يدعونا العوفي إلى السير خلفه في متاهتها.

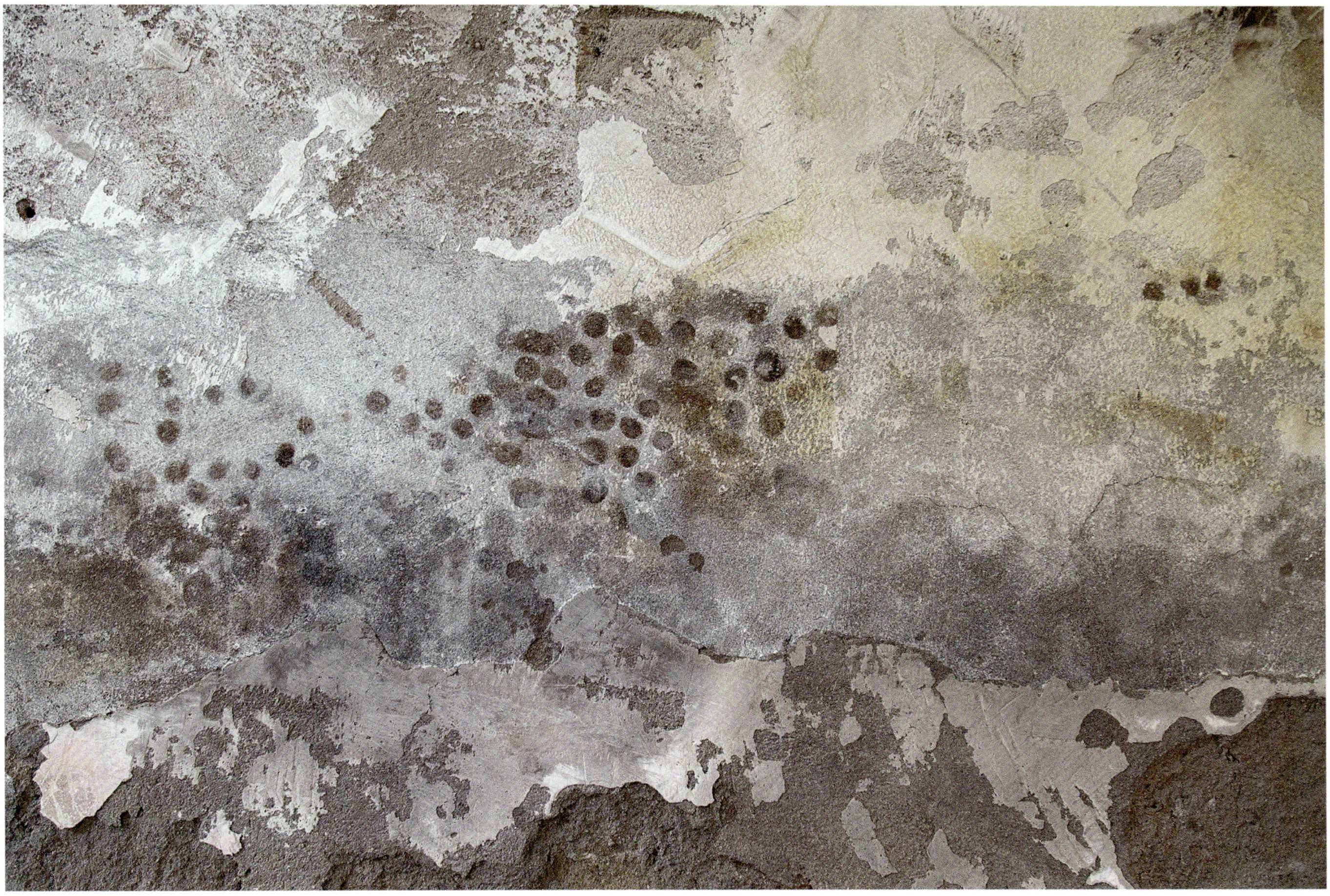

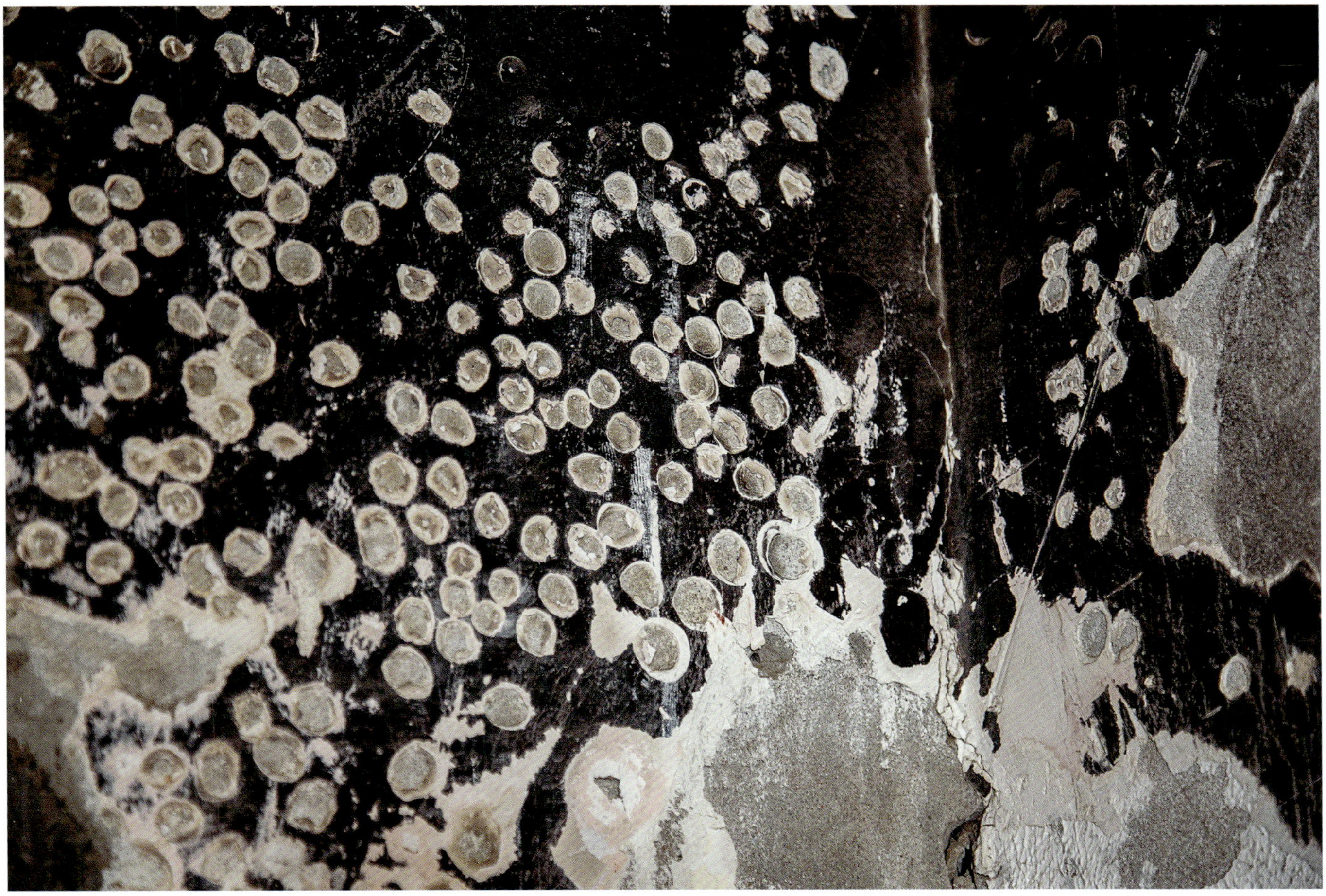

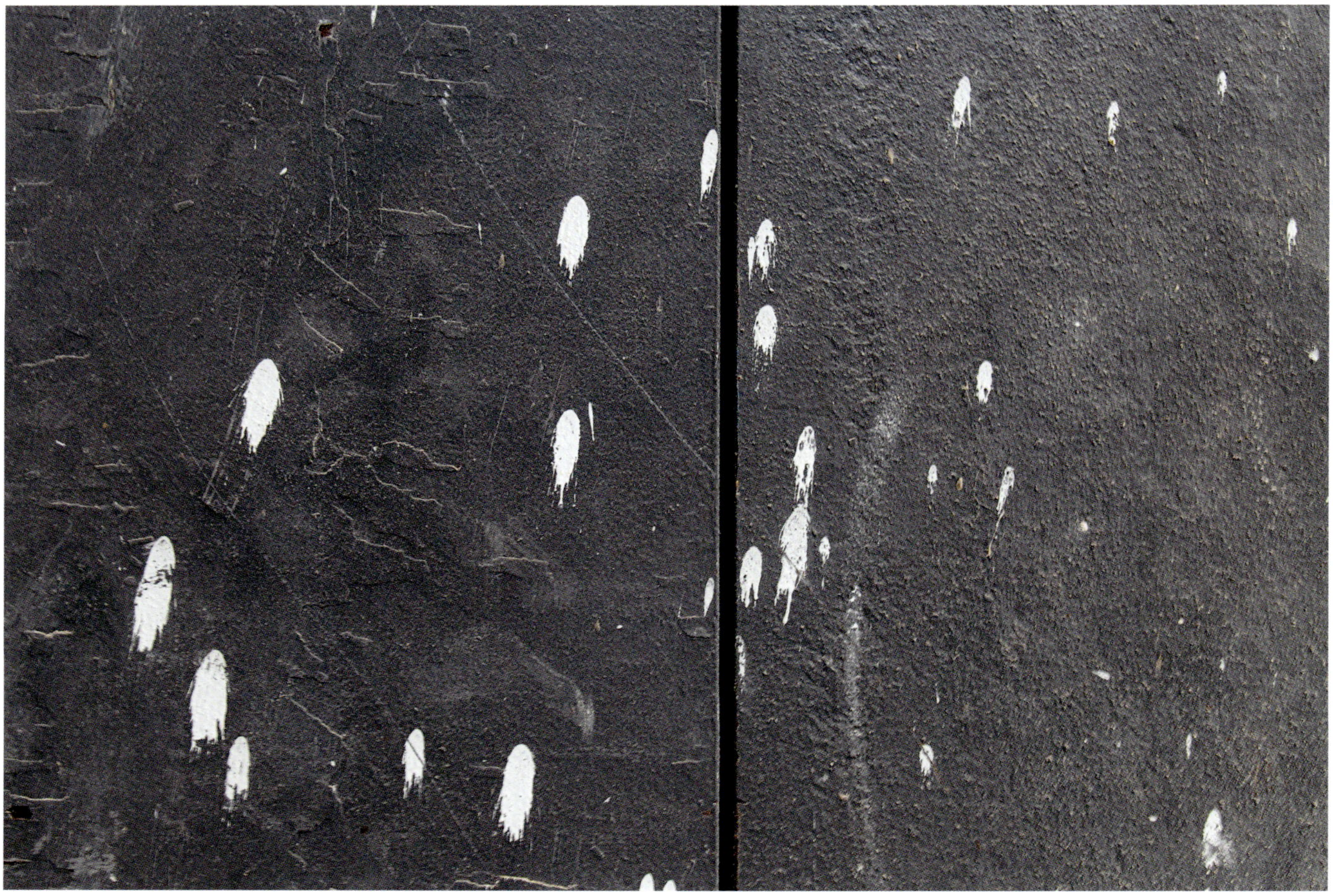

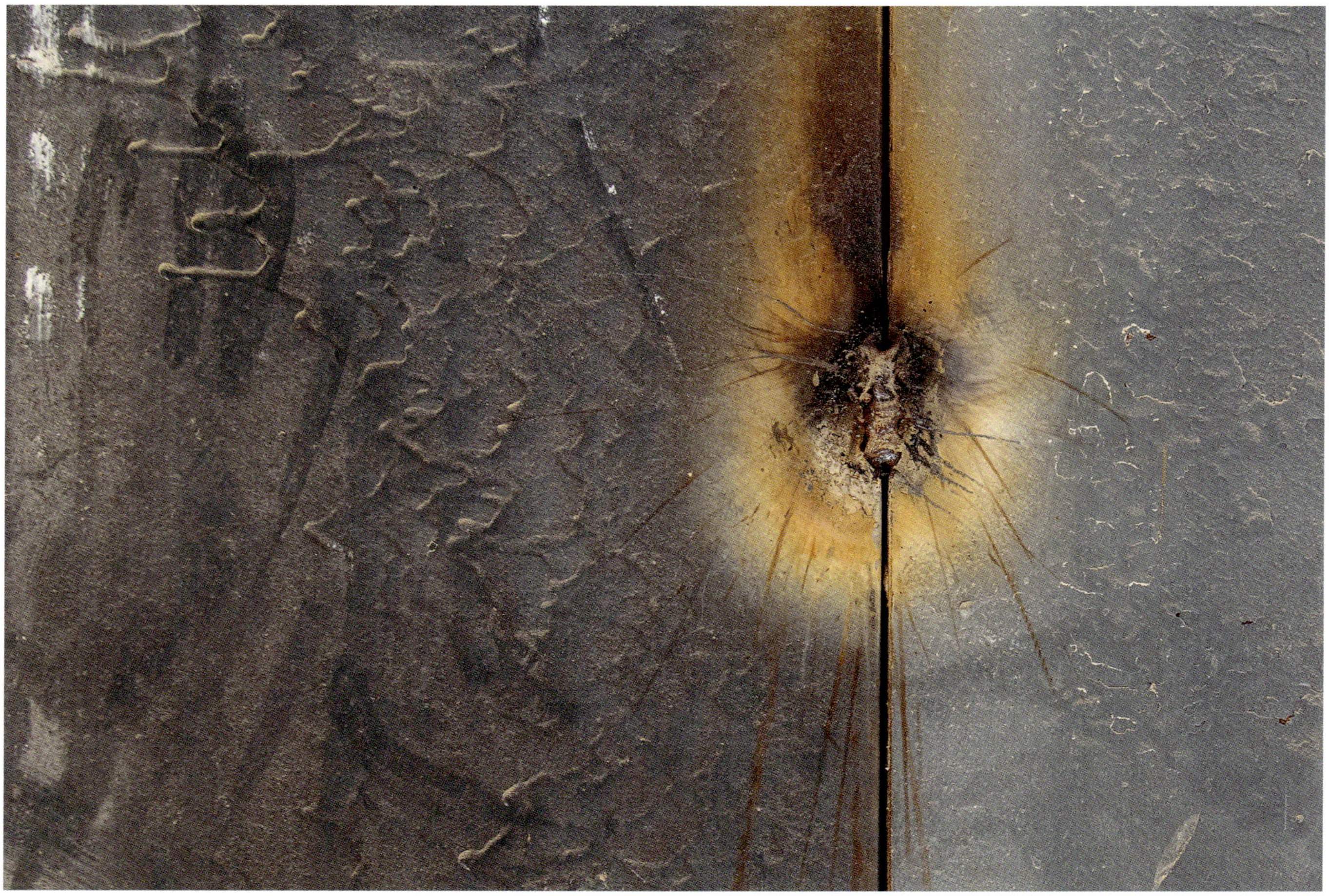

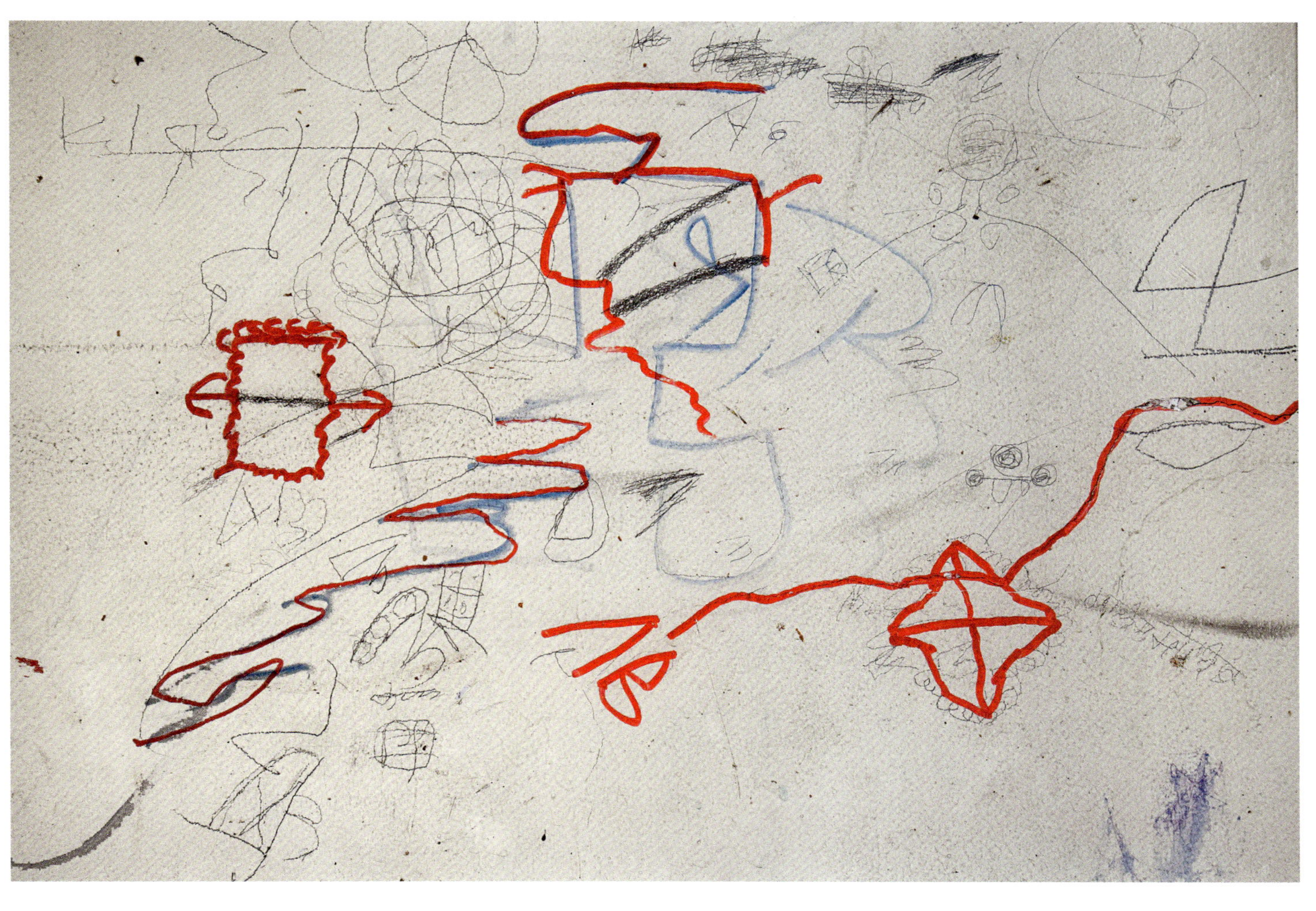

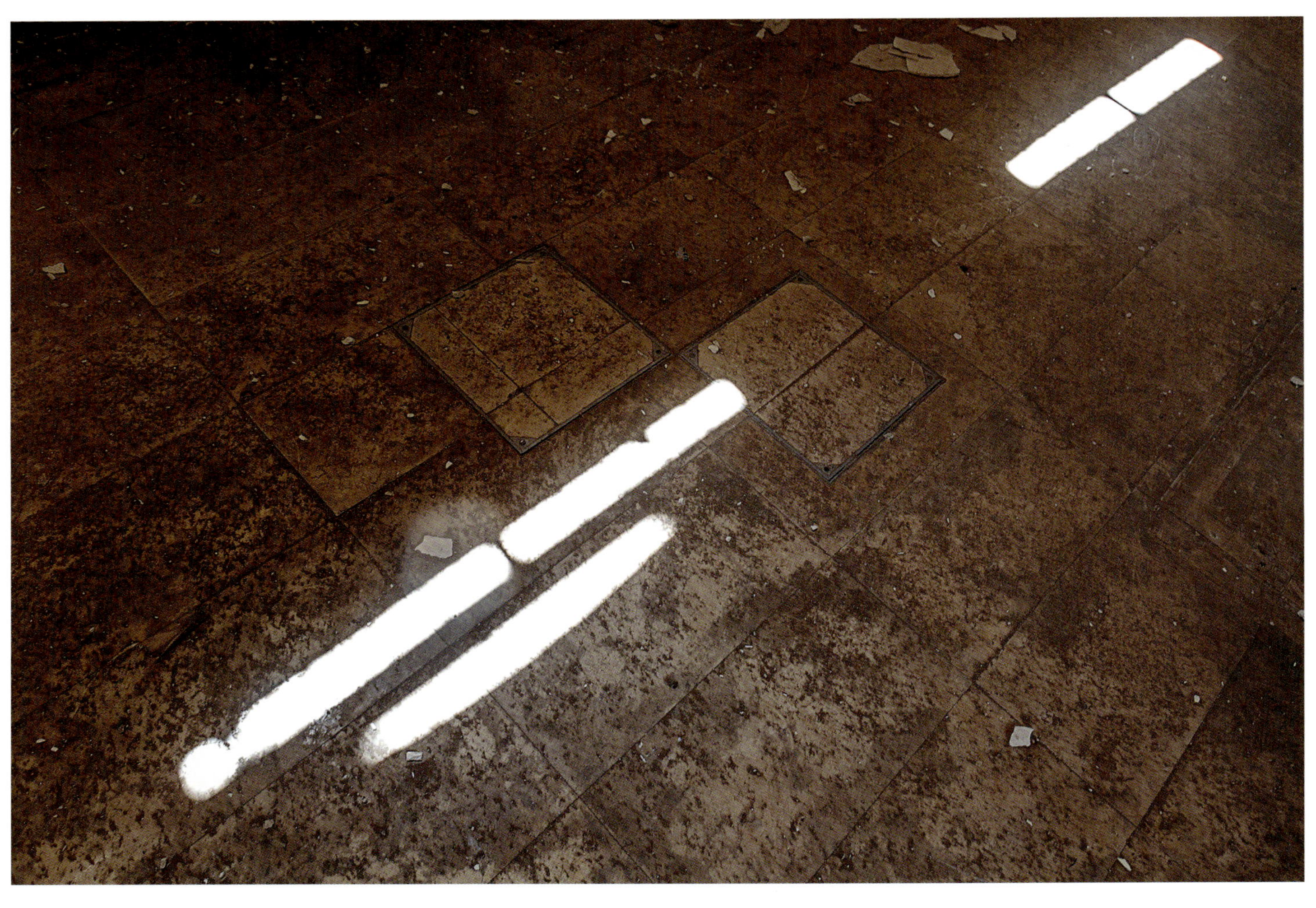

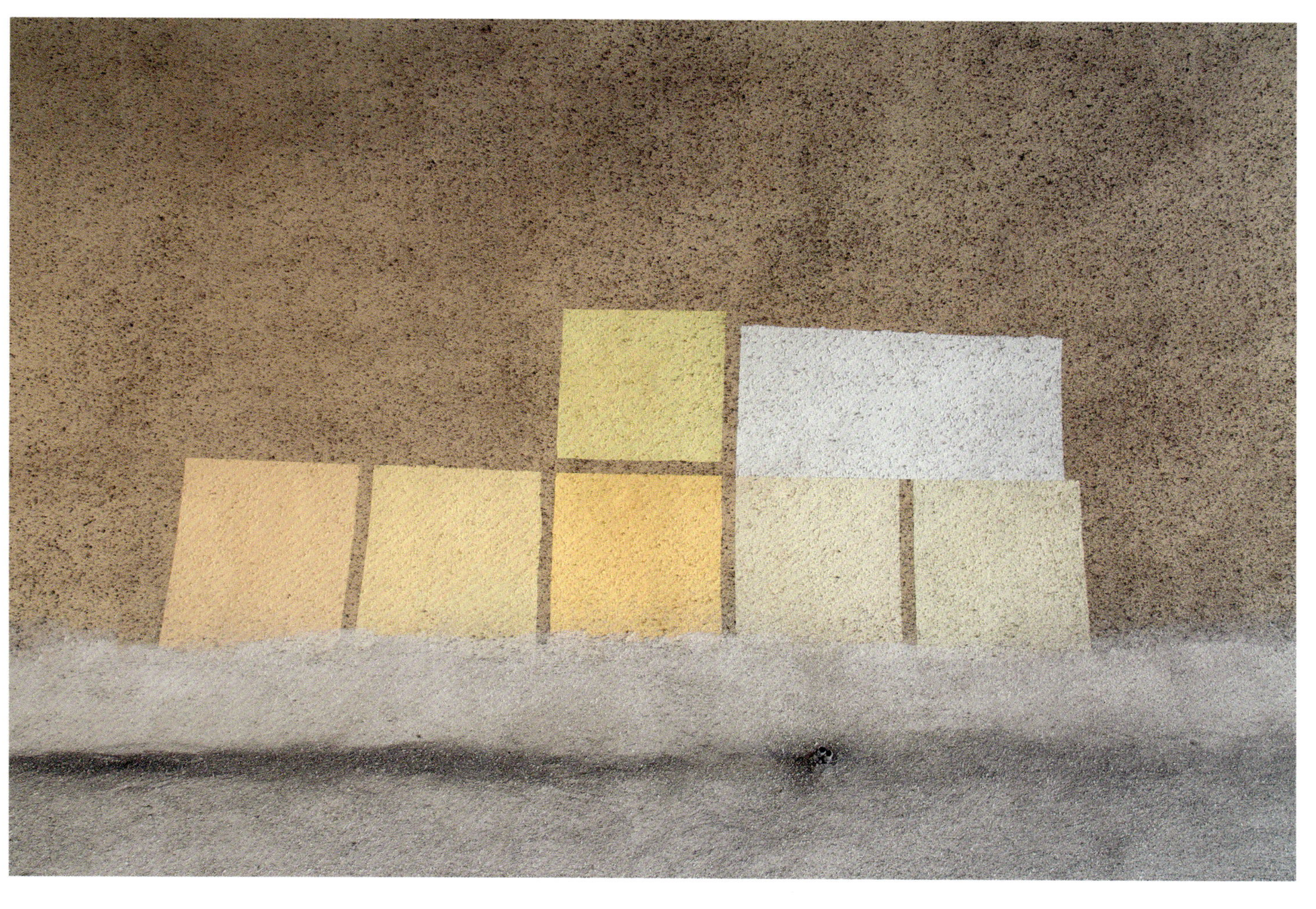

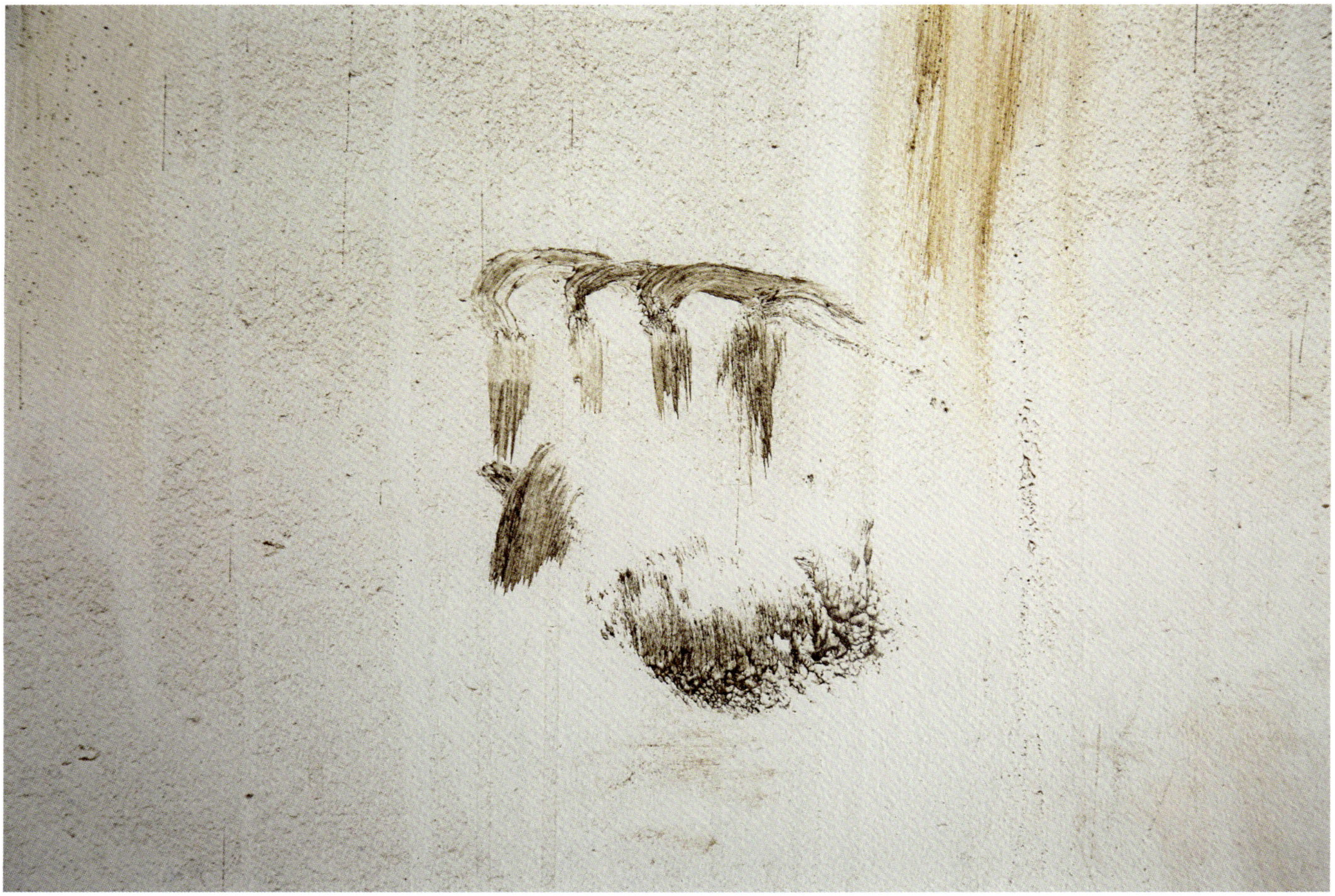

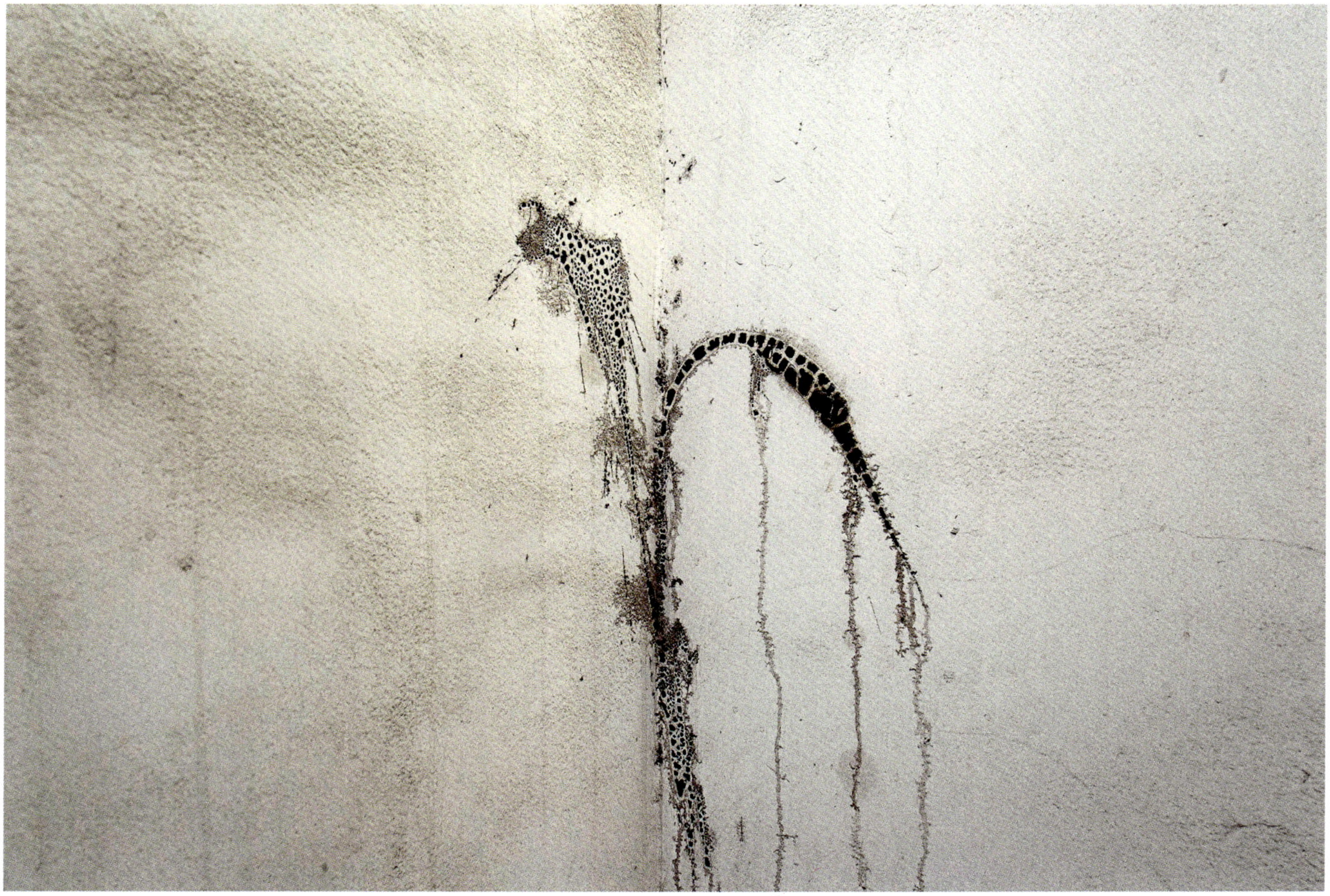

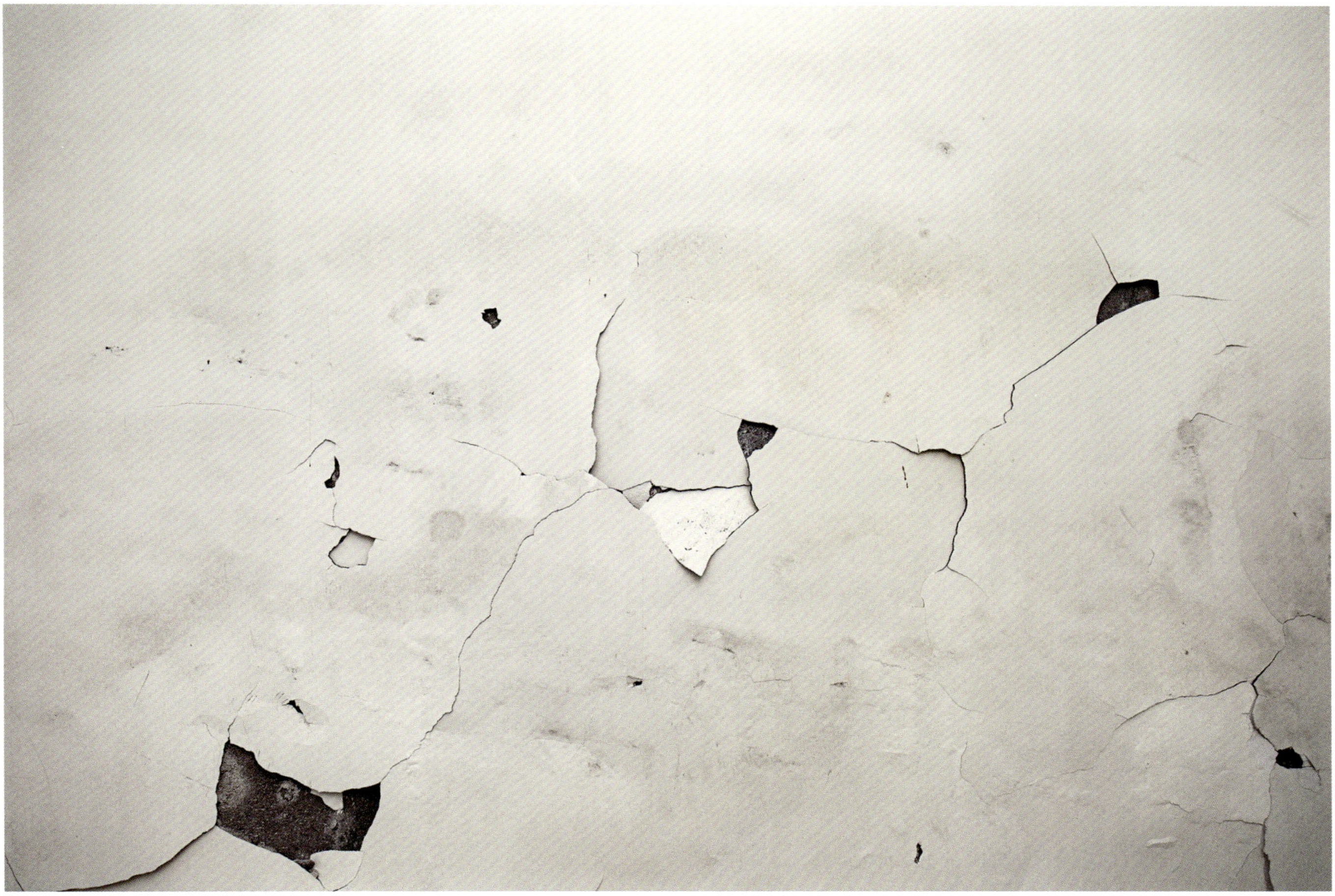

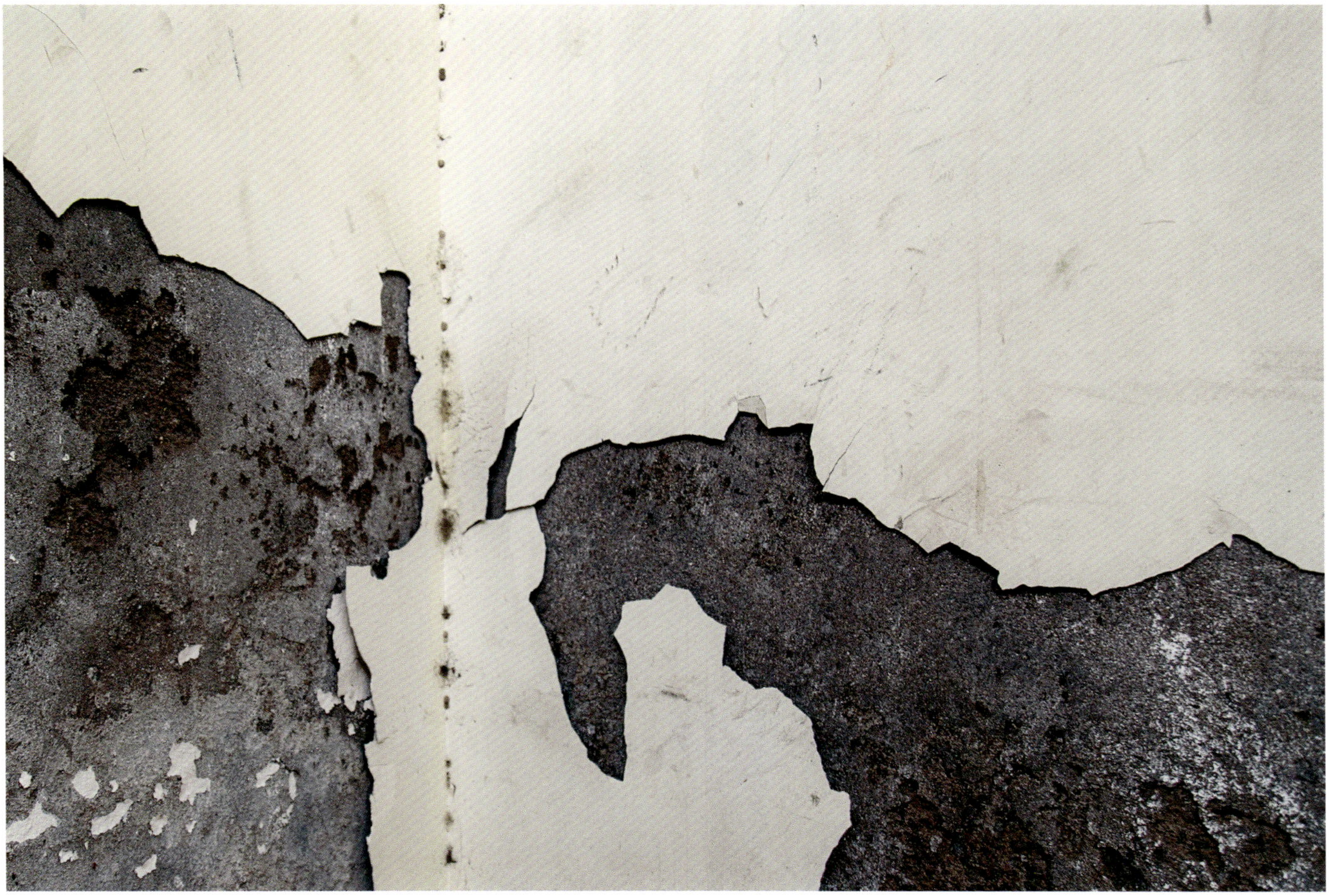

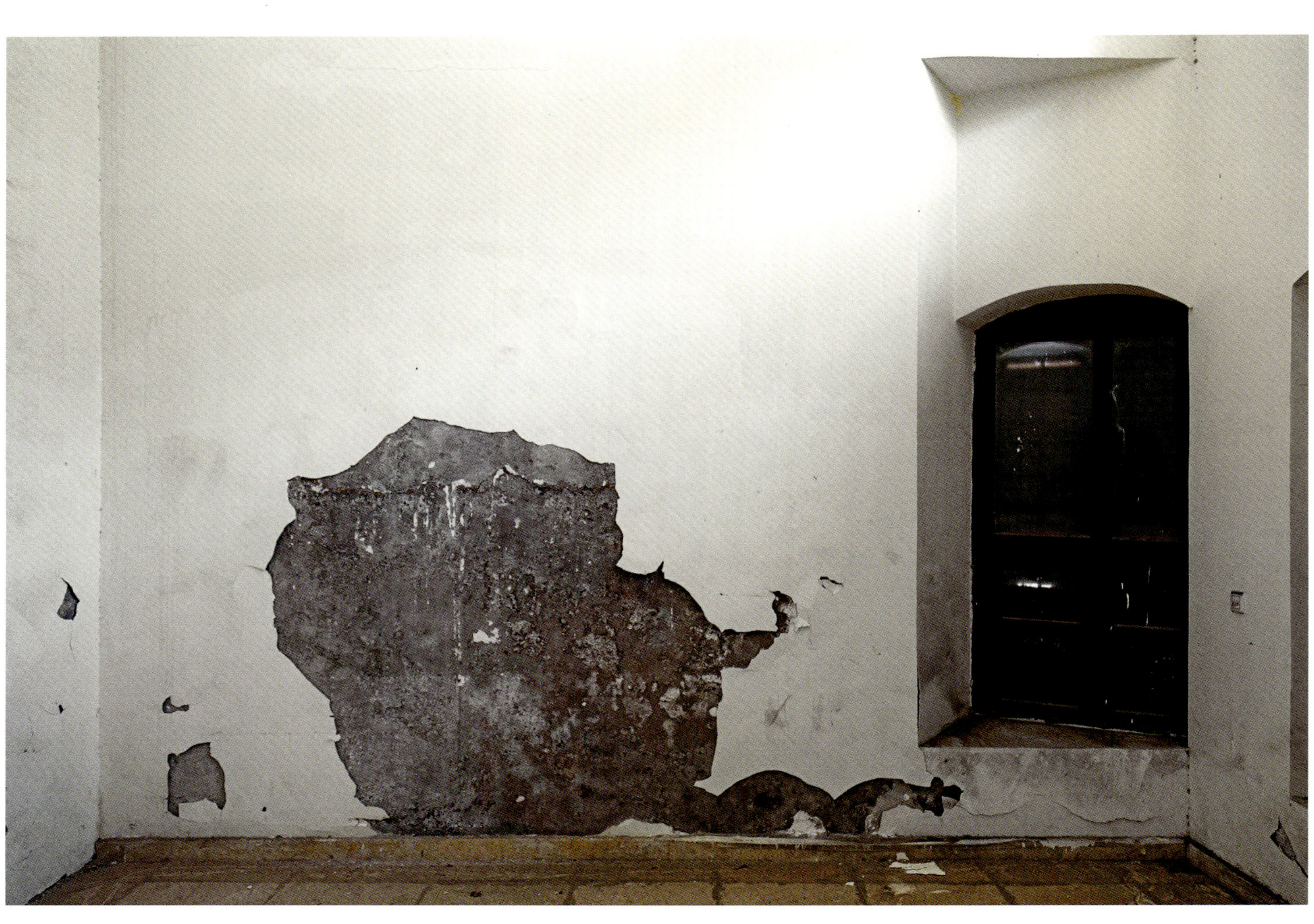

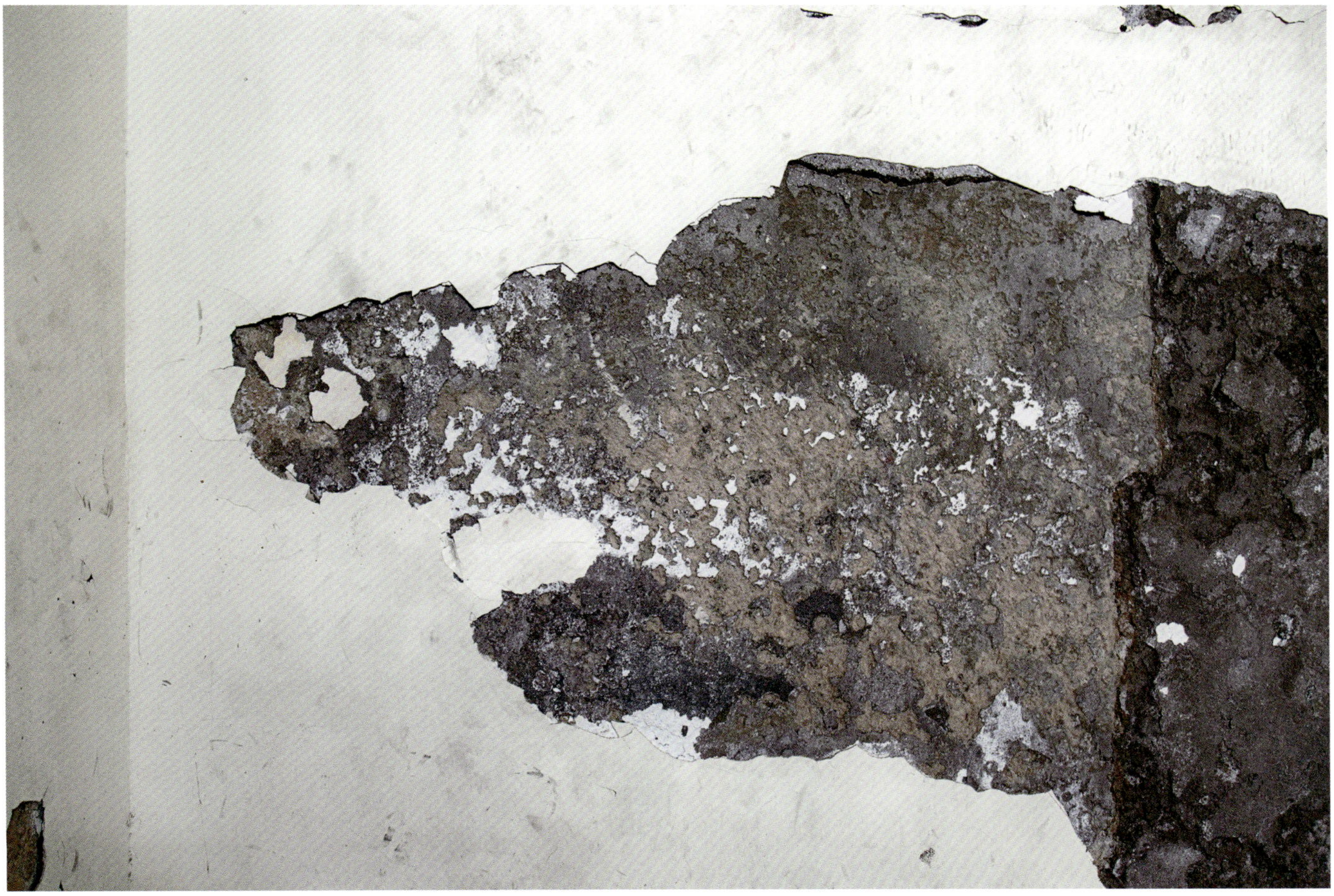

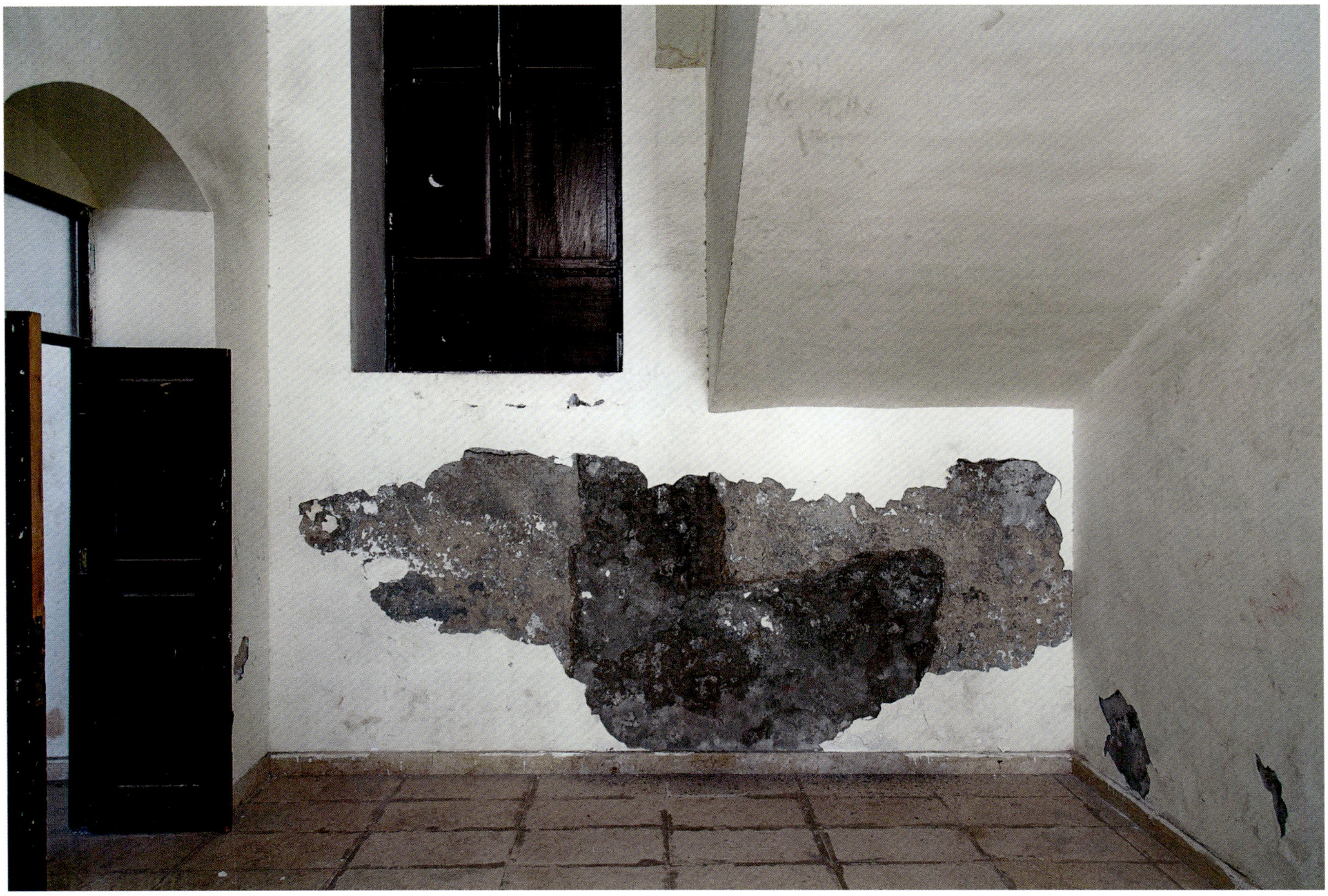

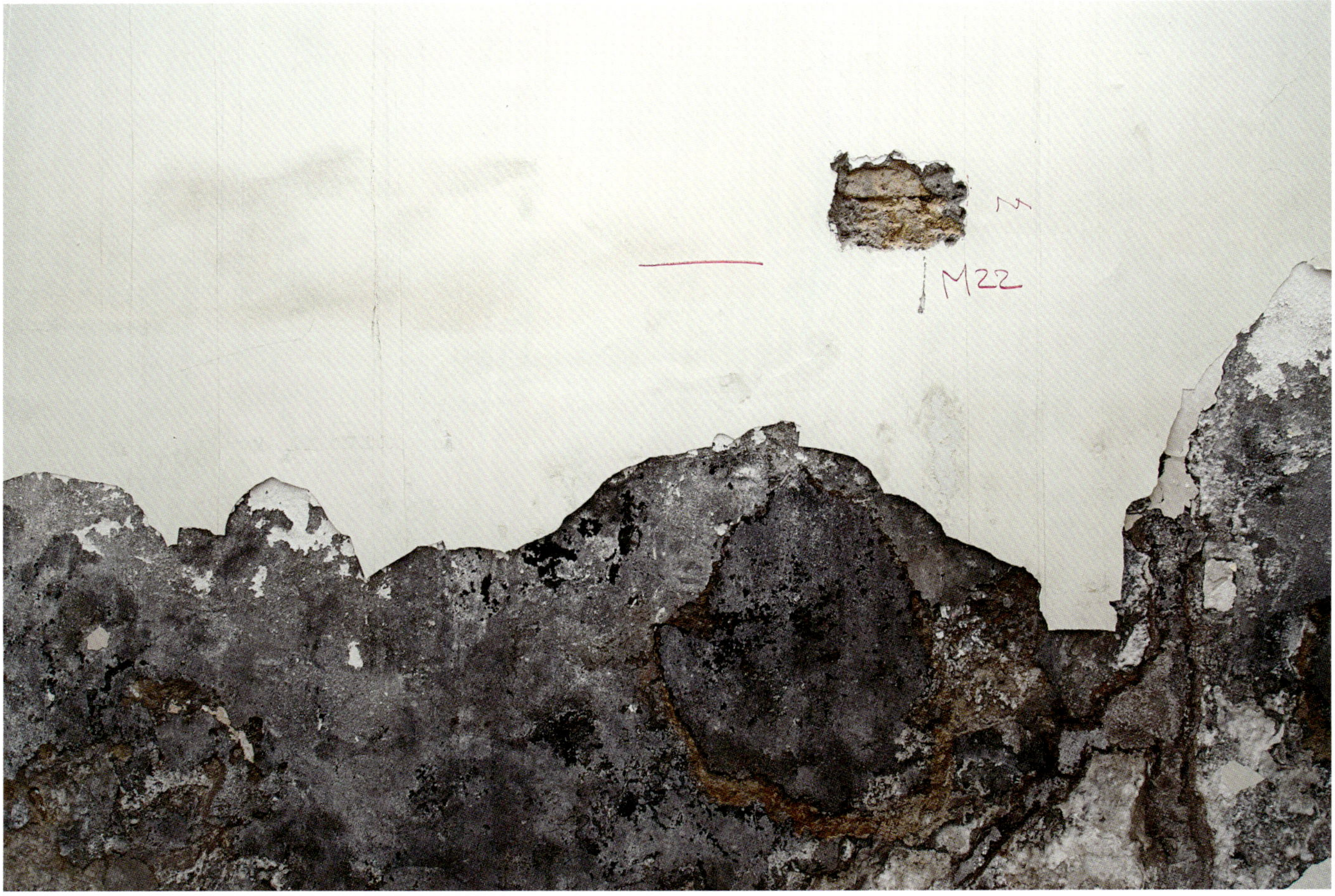

M22

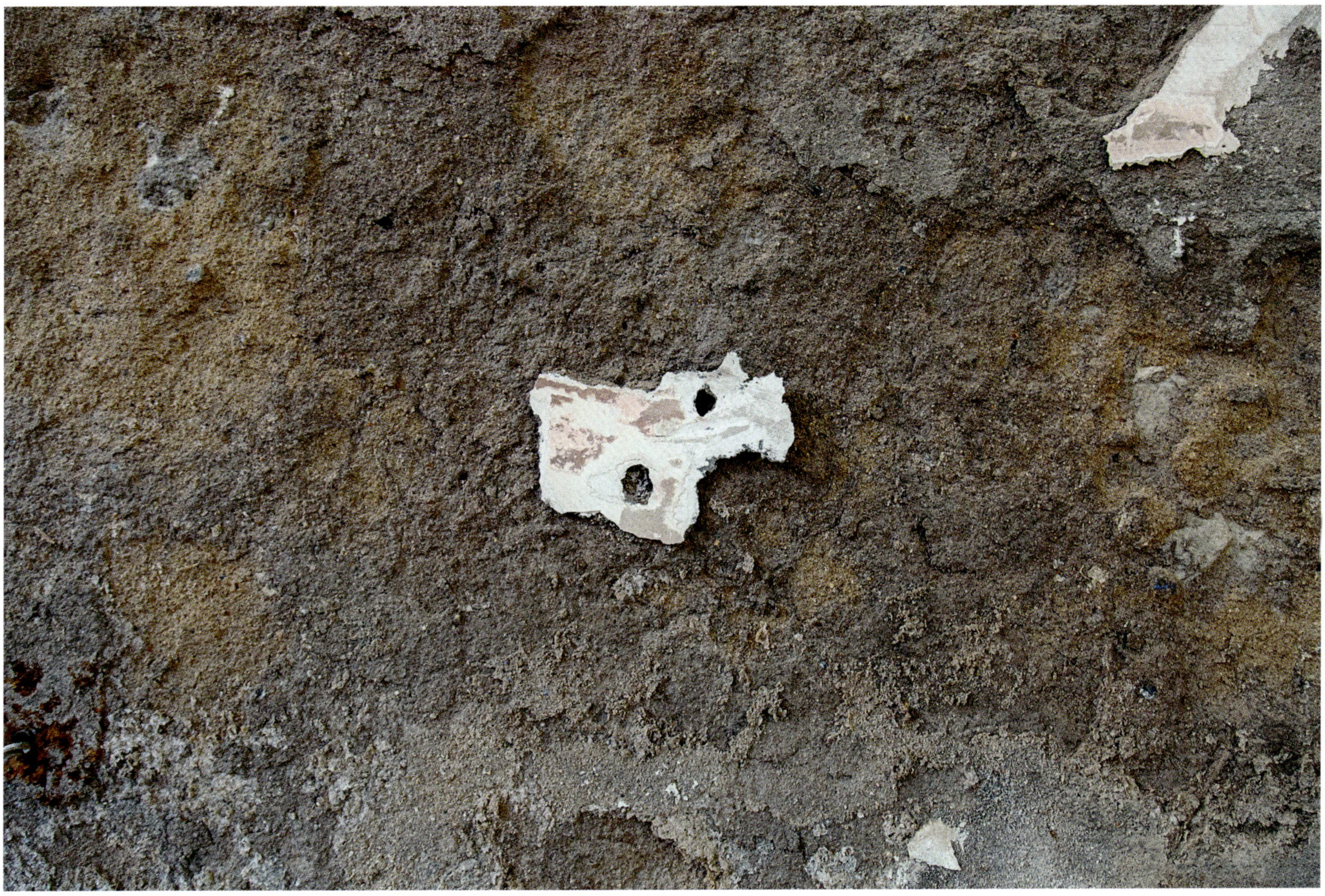

الفصل الرابع

"بارافرناليا" أو أشياء متفرّقة

فهذا الفراغ خدعة في الواقع مسكون ببقايا وعناصر متفرقة ومتباينة أفلتت من جهد مَن أفرغ أثاث المبنى. أشياء منسية يصعب إزالتها، سمحت للمصور بإطلاق العنان لحس الفكاهة لديه ومهاراته، هذه الأشياء هي أيضاً، بطريقتها الخاصّة، علامات وآثار لن يتردّد المصور في استثمارها.

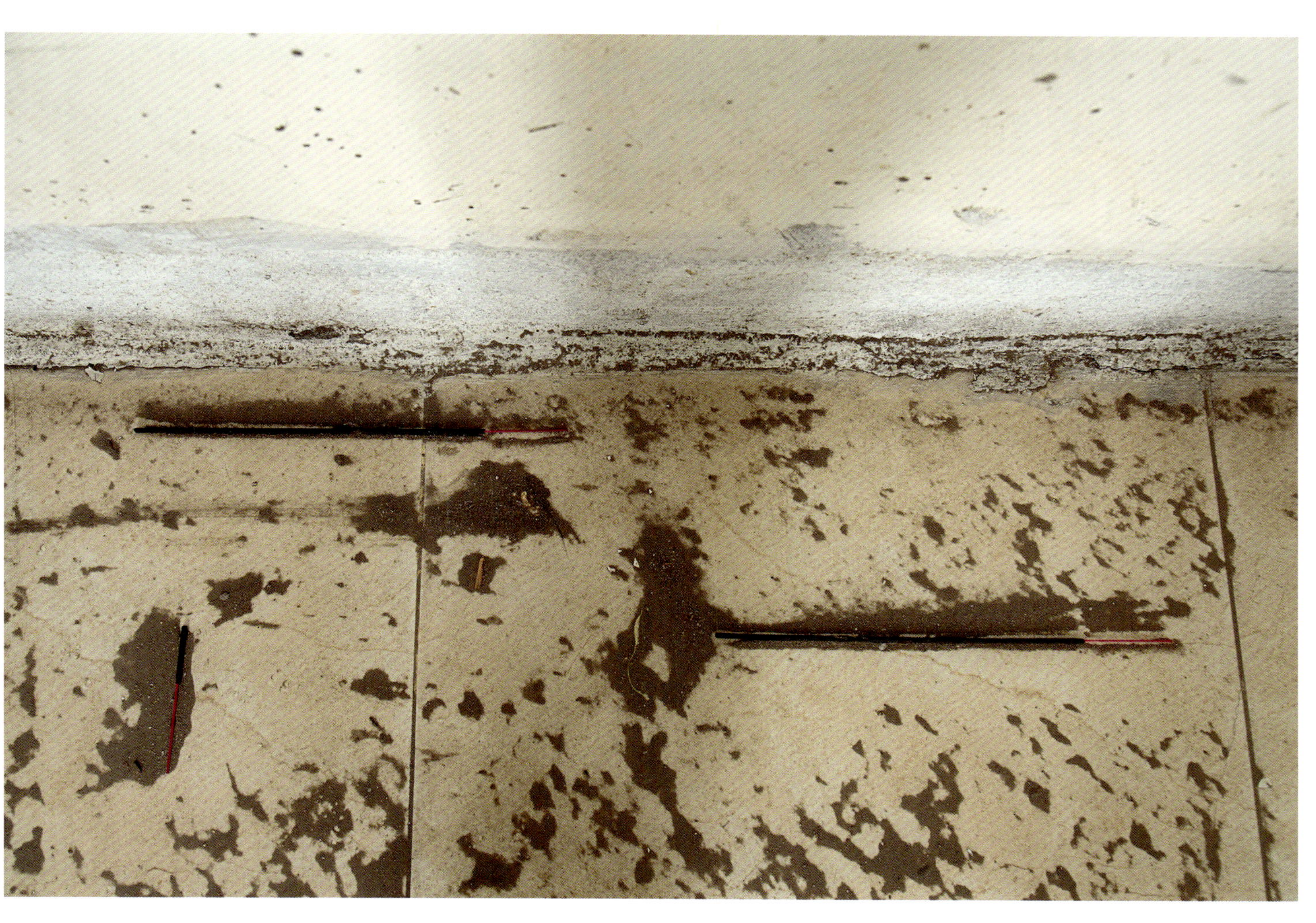

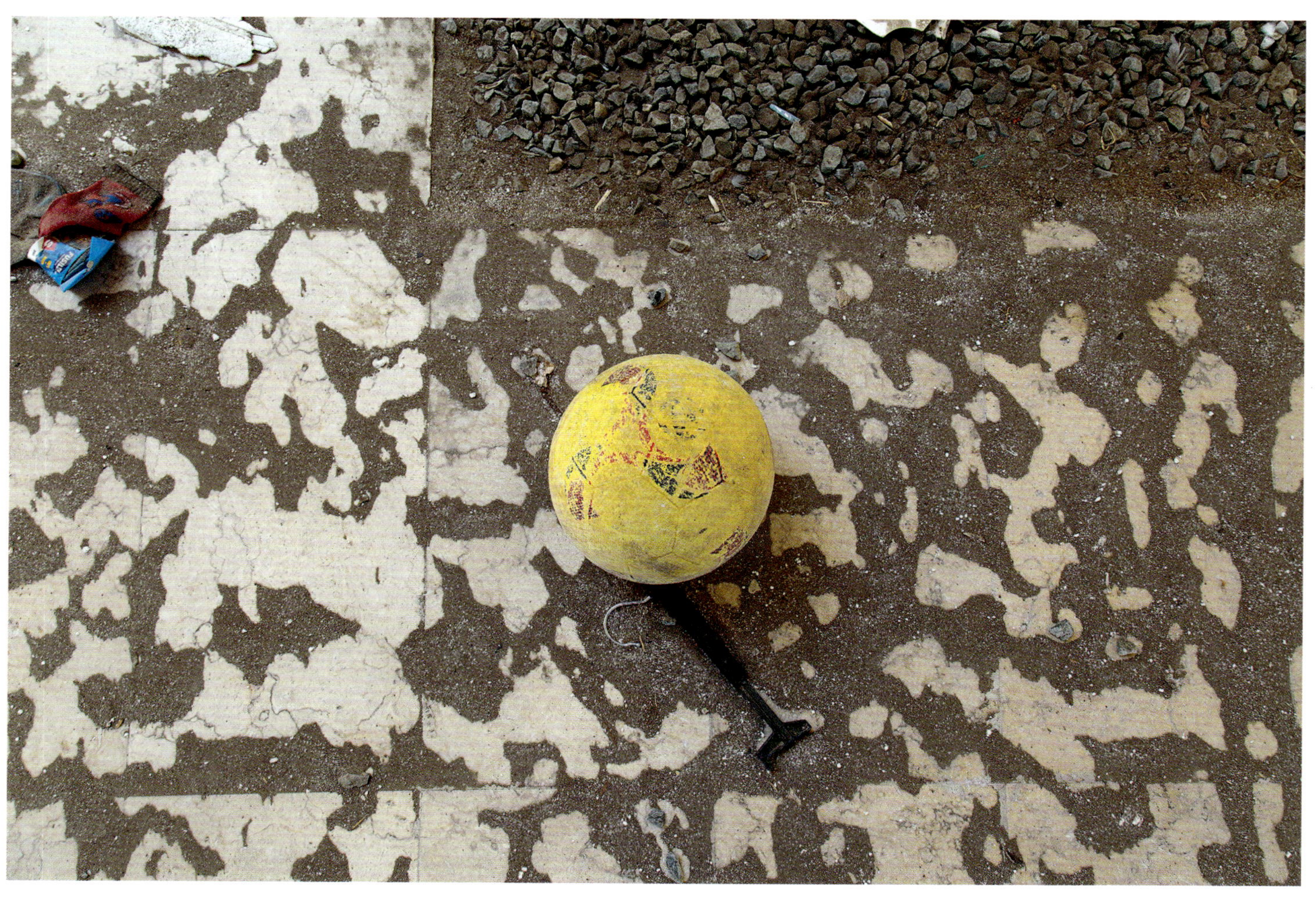

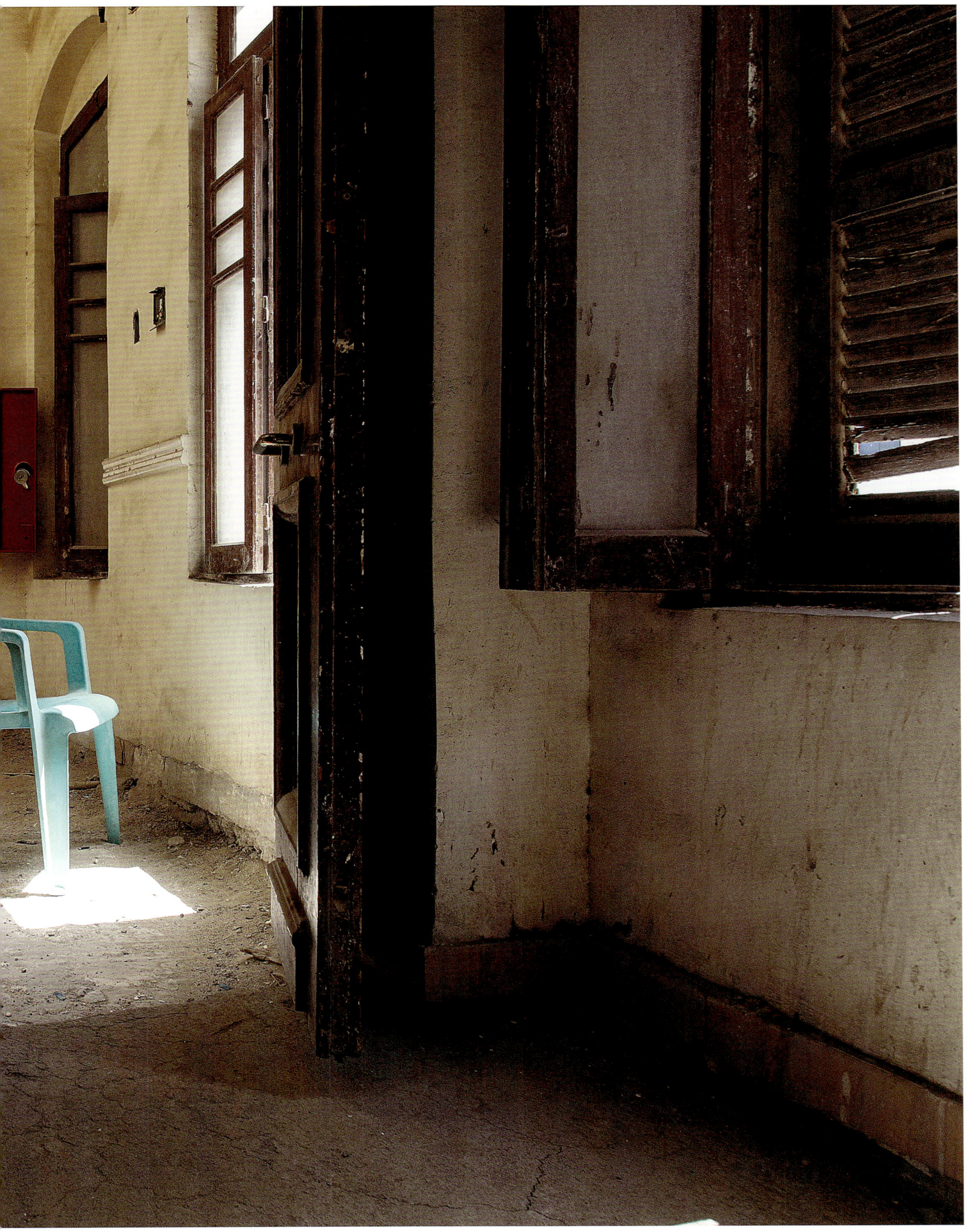

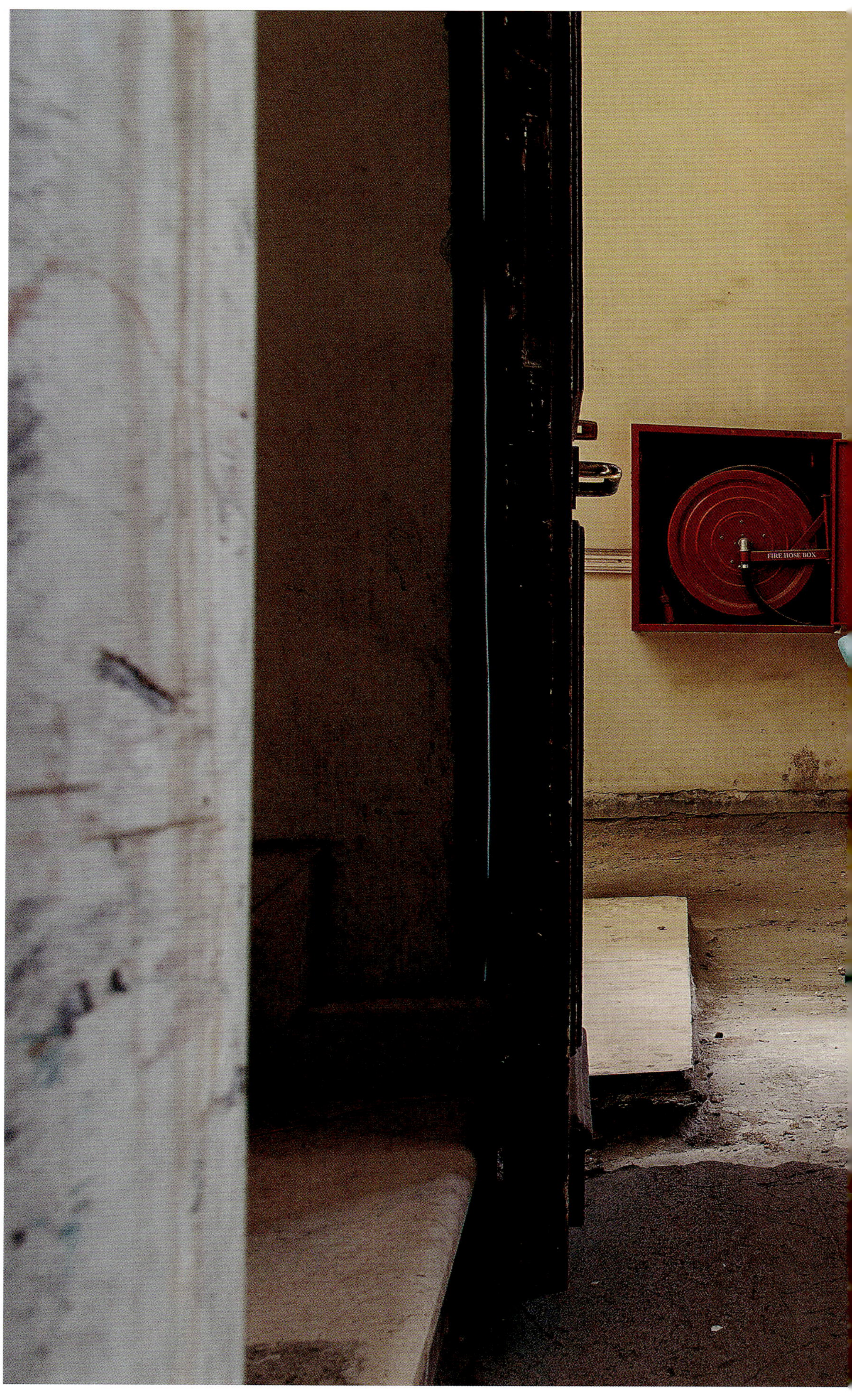
FIRE HOSE BOX

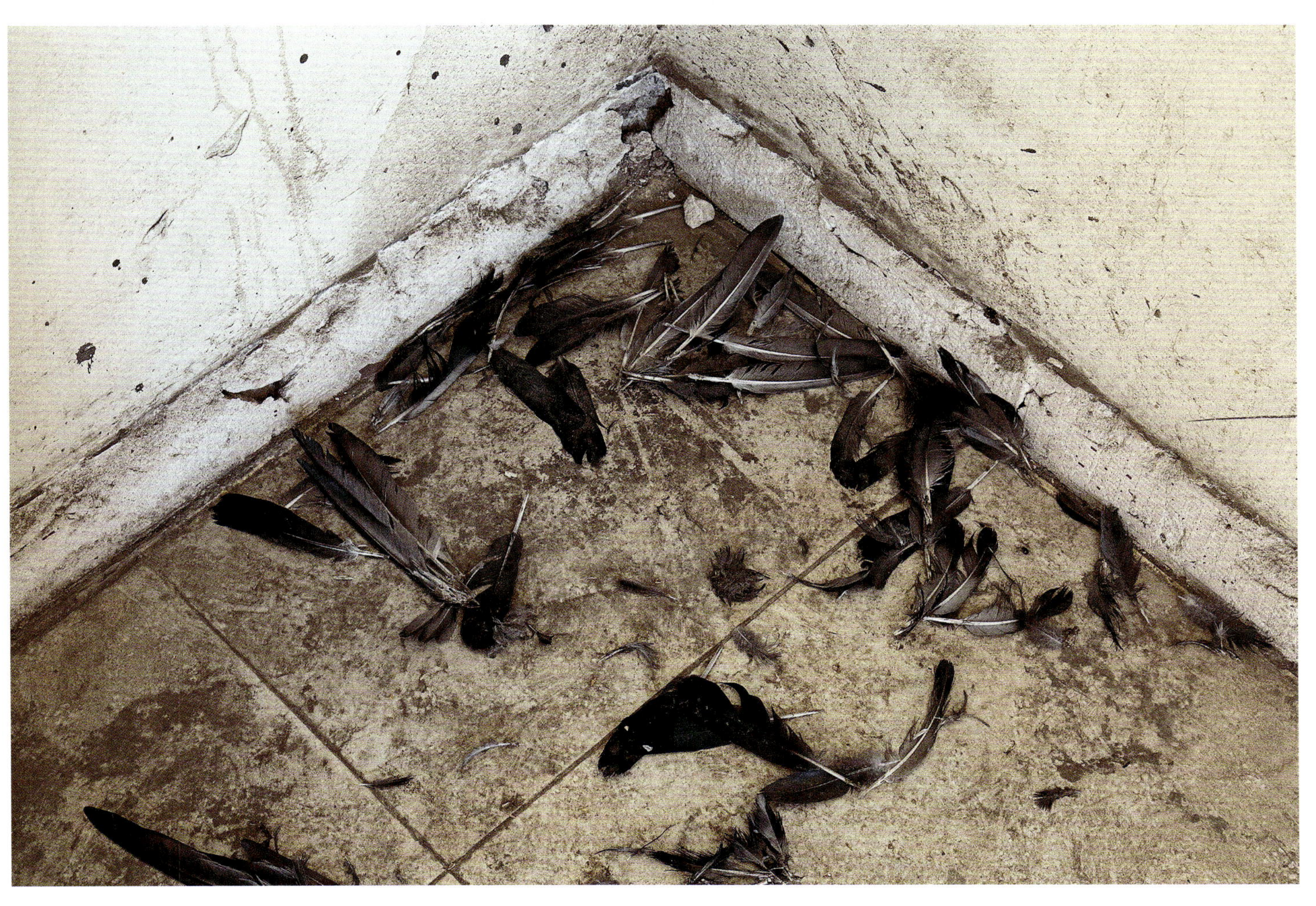

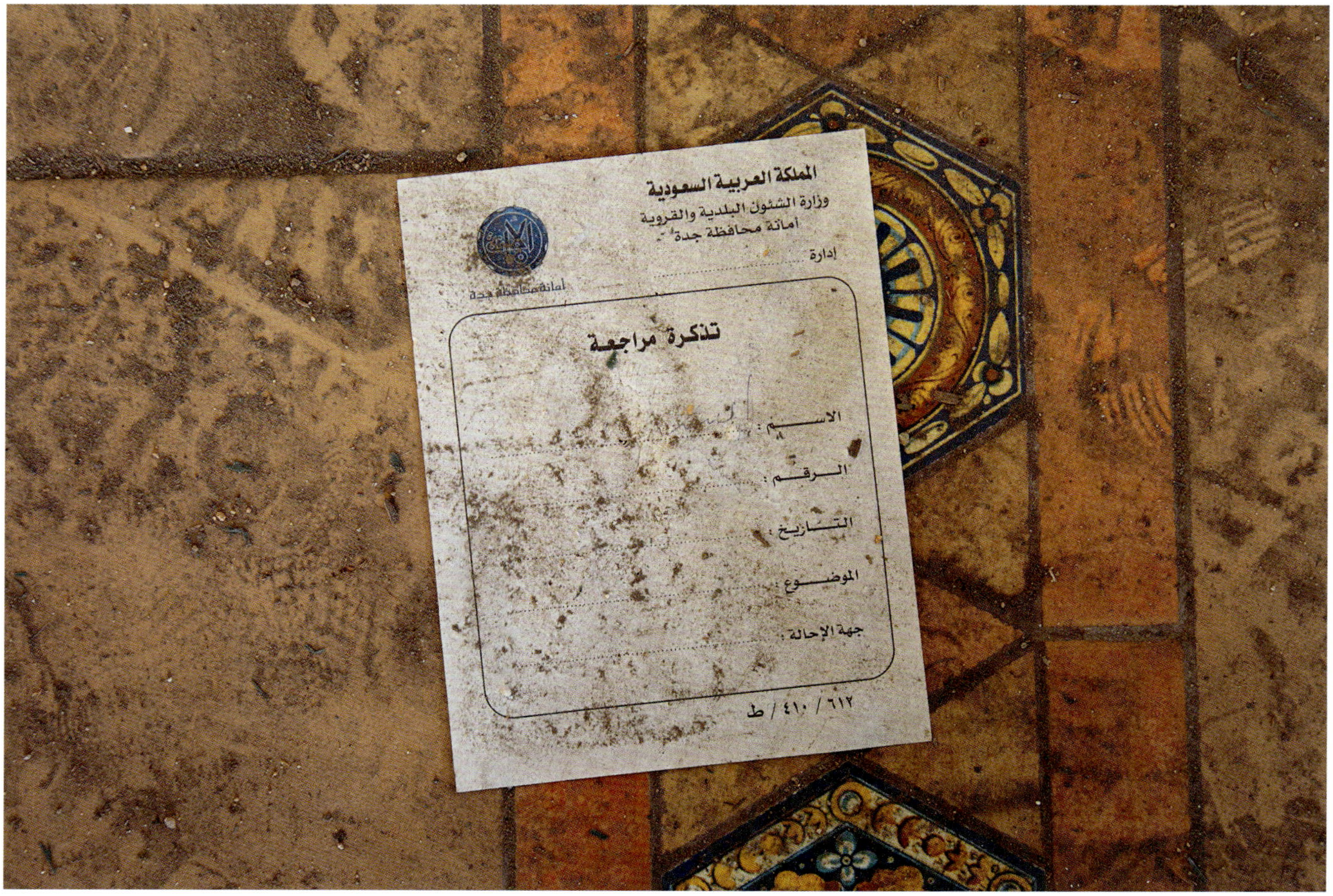

المملكة العربية السعودية
وزارة الشؤون البلدية والقروية
أمانة محافظة جدة
إدارة
أمانة محافظة جدة
تذكرة مراجعة
الاسم :
الرقم :
التاريخ :
الموضوع :
جهة الإحالة :
٦١٢ / ٤١٠ / ط

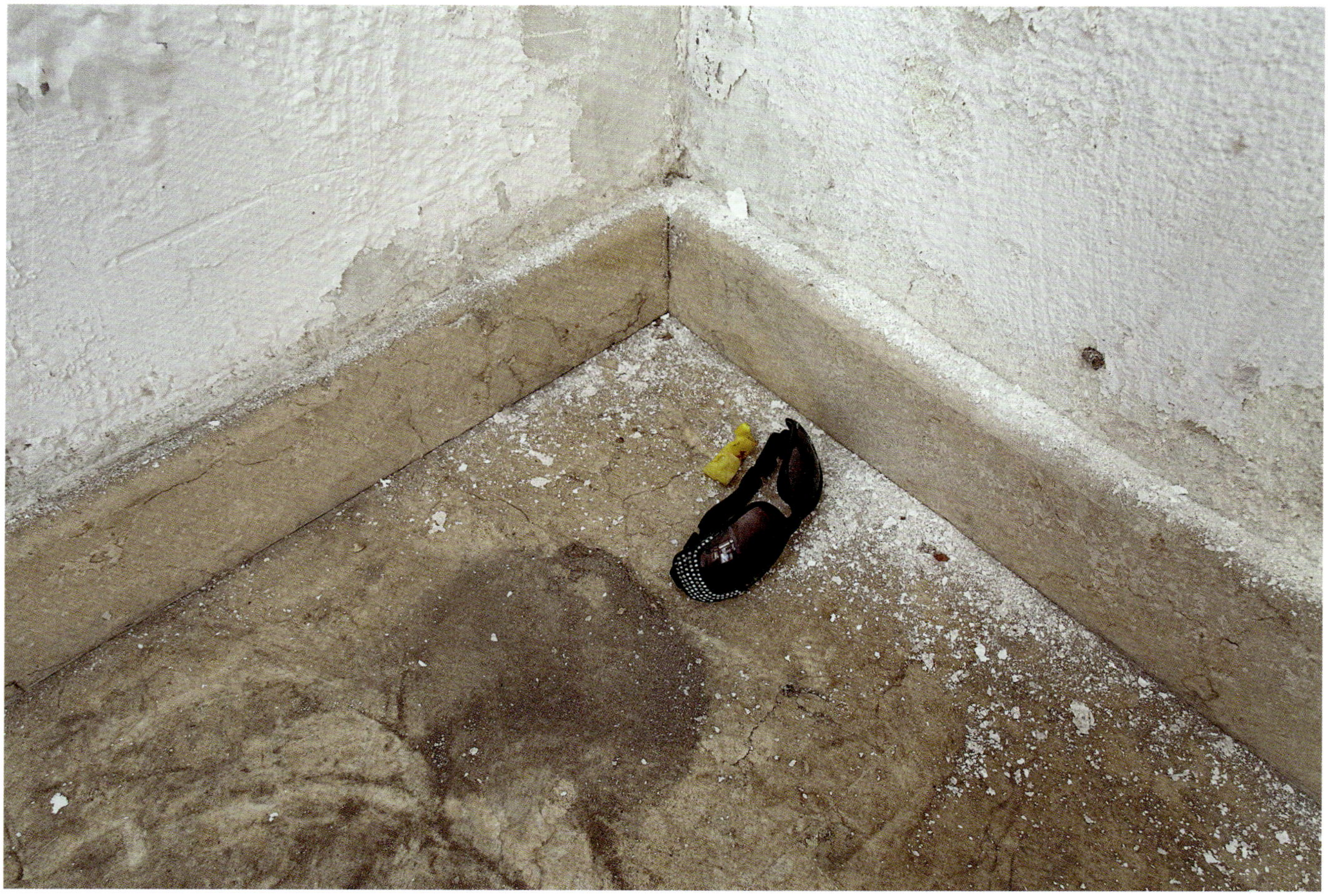

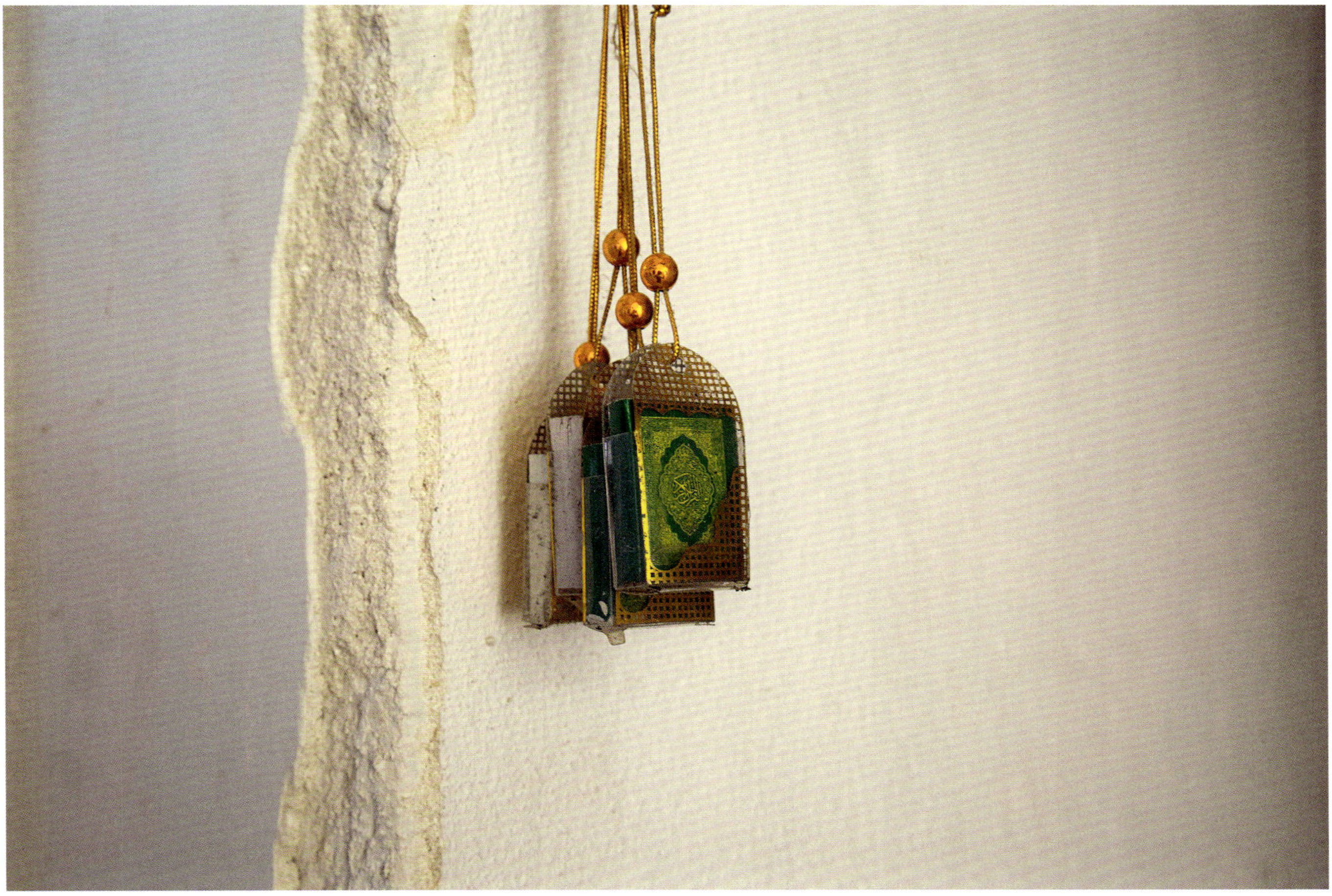

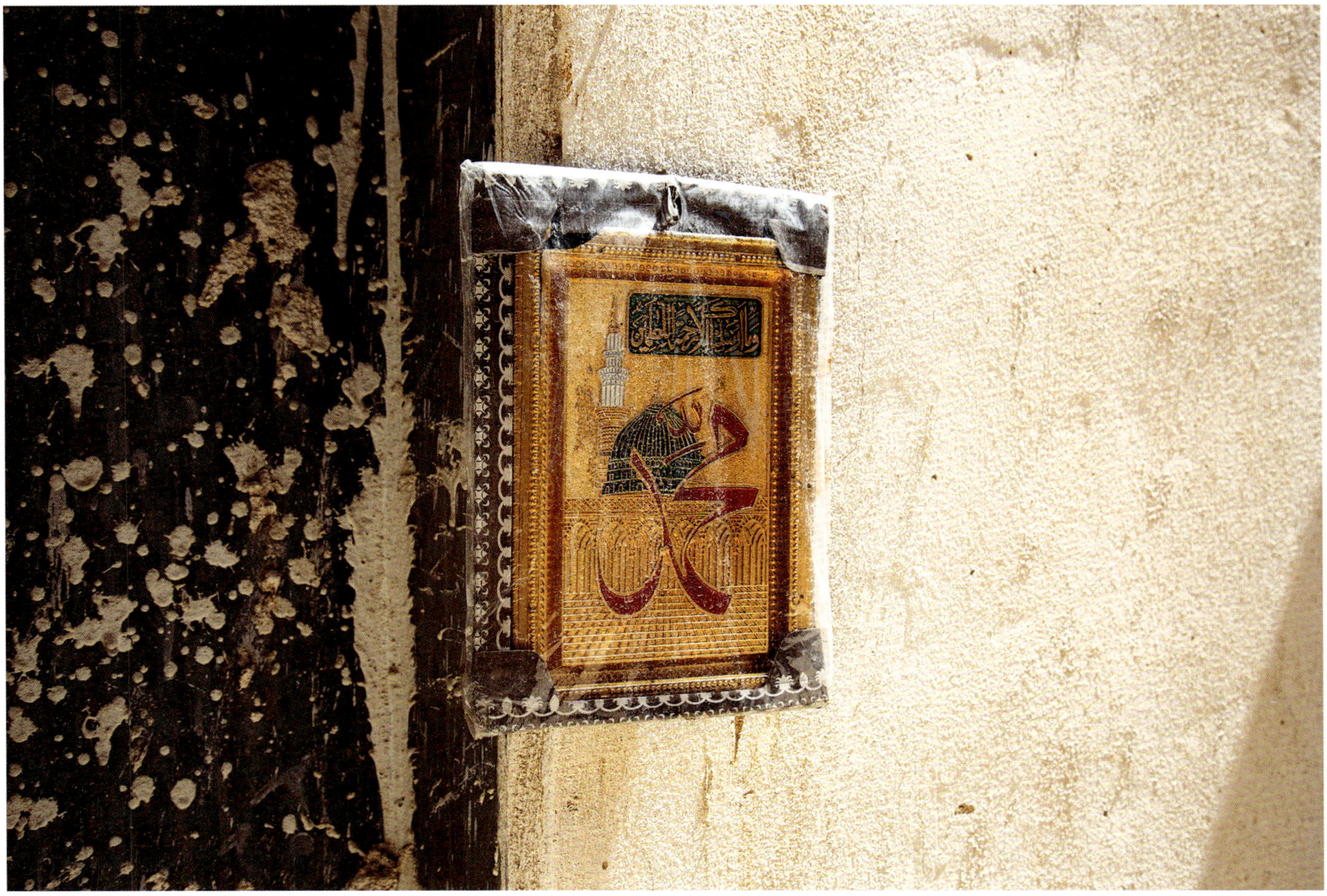

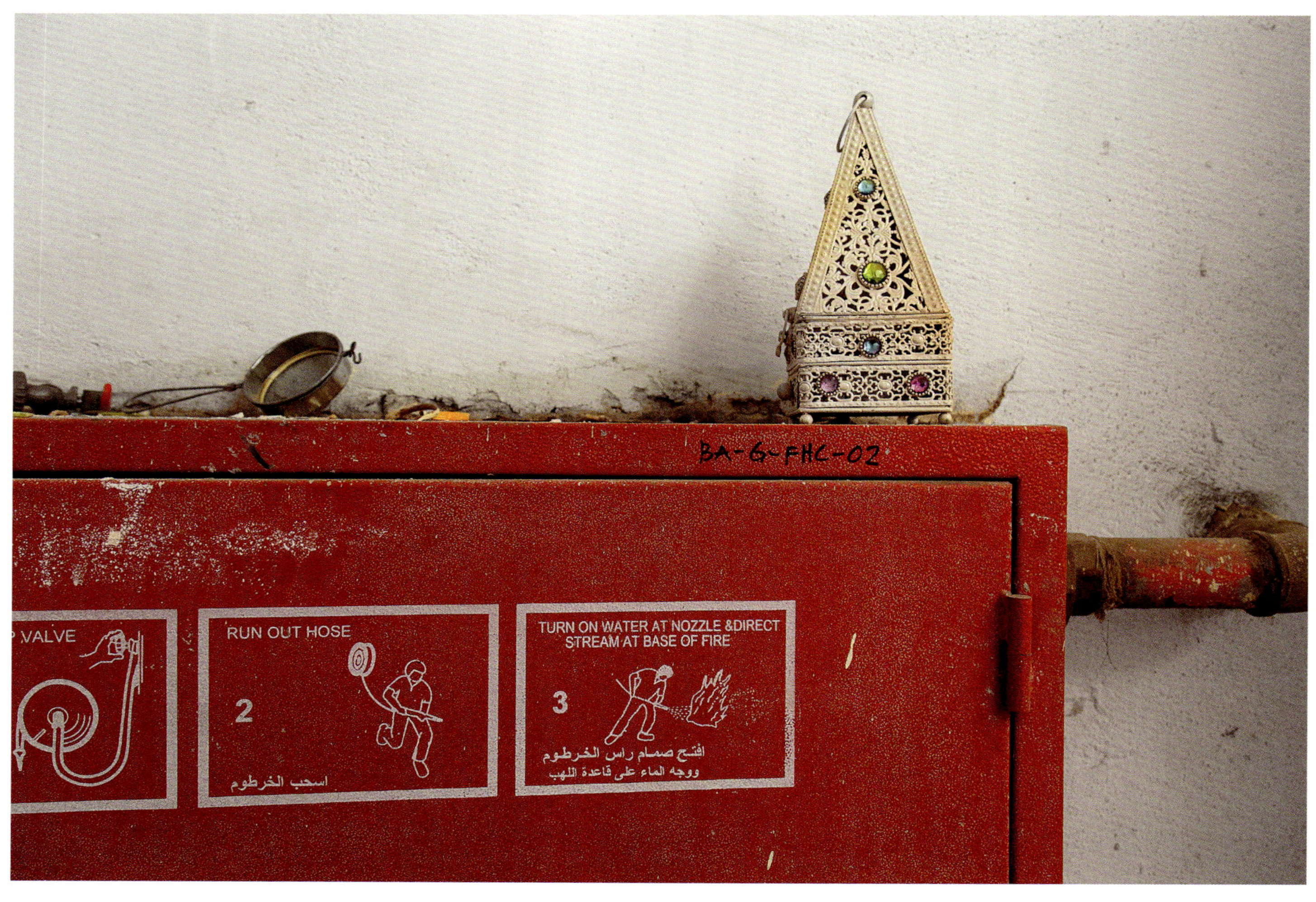
BA-G-FHC-02
VALVE
RUN OUT HOSE
2
اسحب الخرطوم
TURN ON WATER AT NOZZLE &DIRECT
STREAM AT BASE OF FIRE
3
افتح صمام رأس الخرطوم
ووجه الماء على قاعدة اللهب

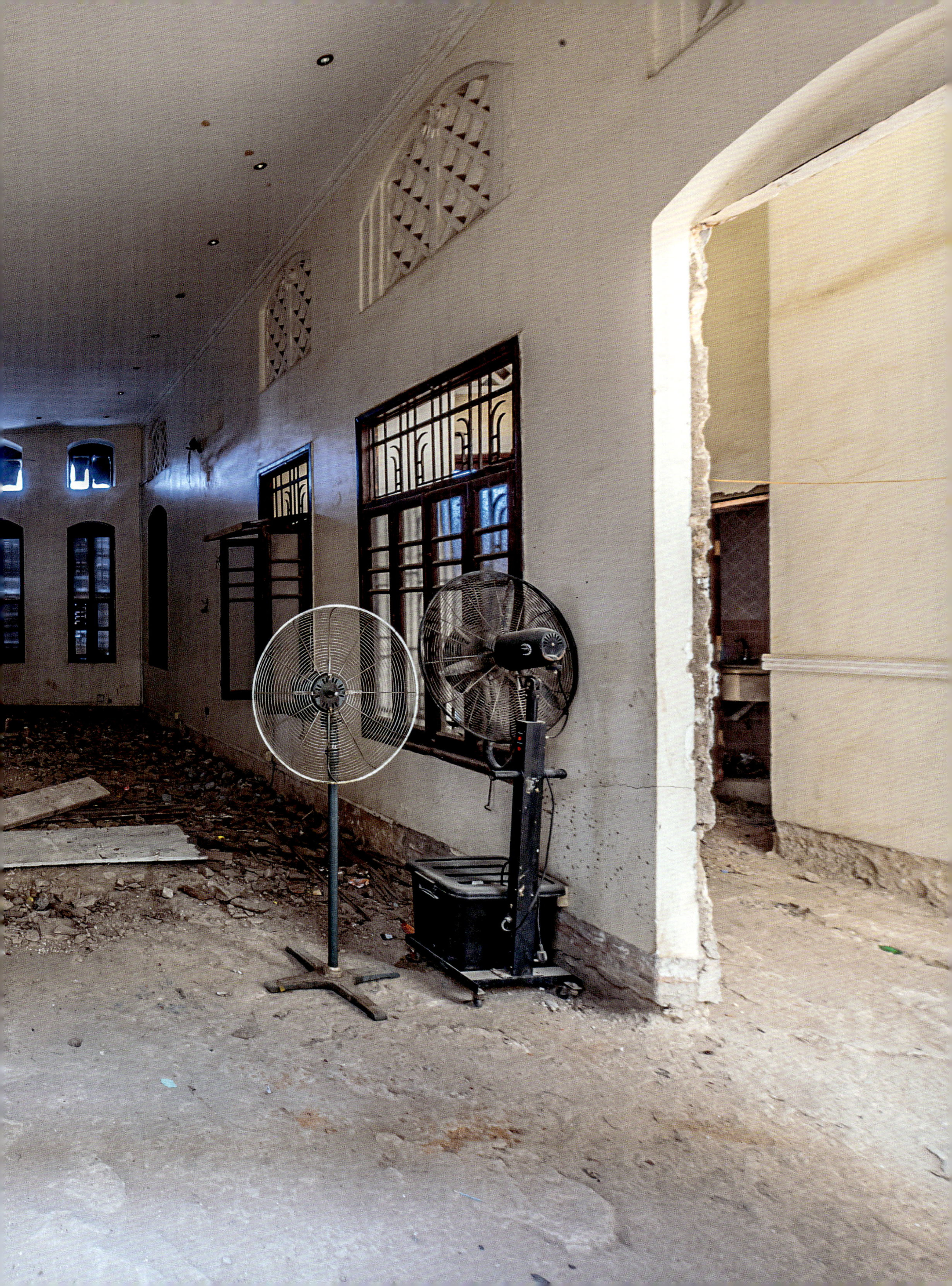

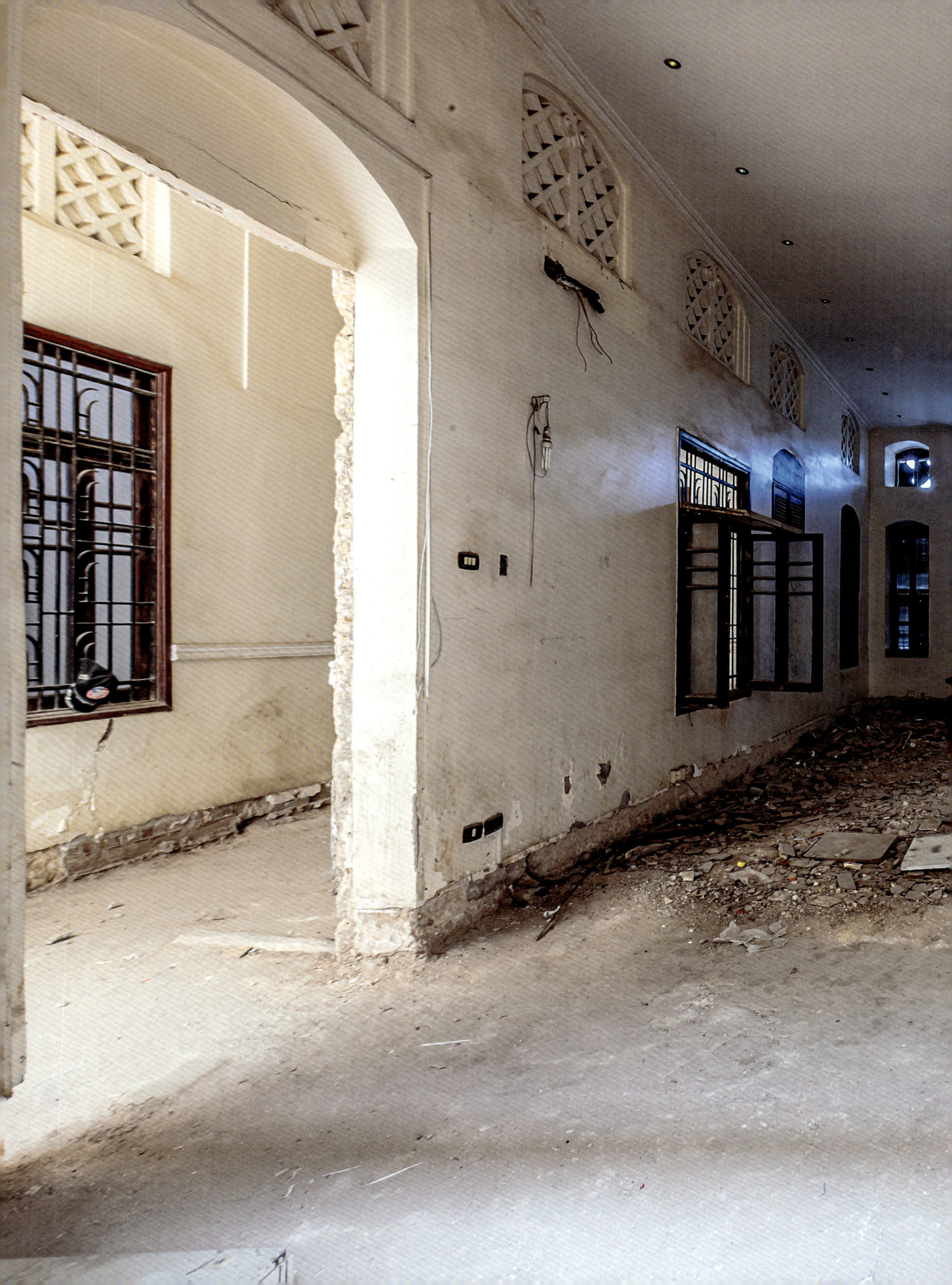

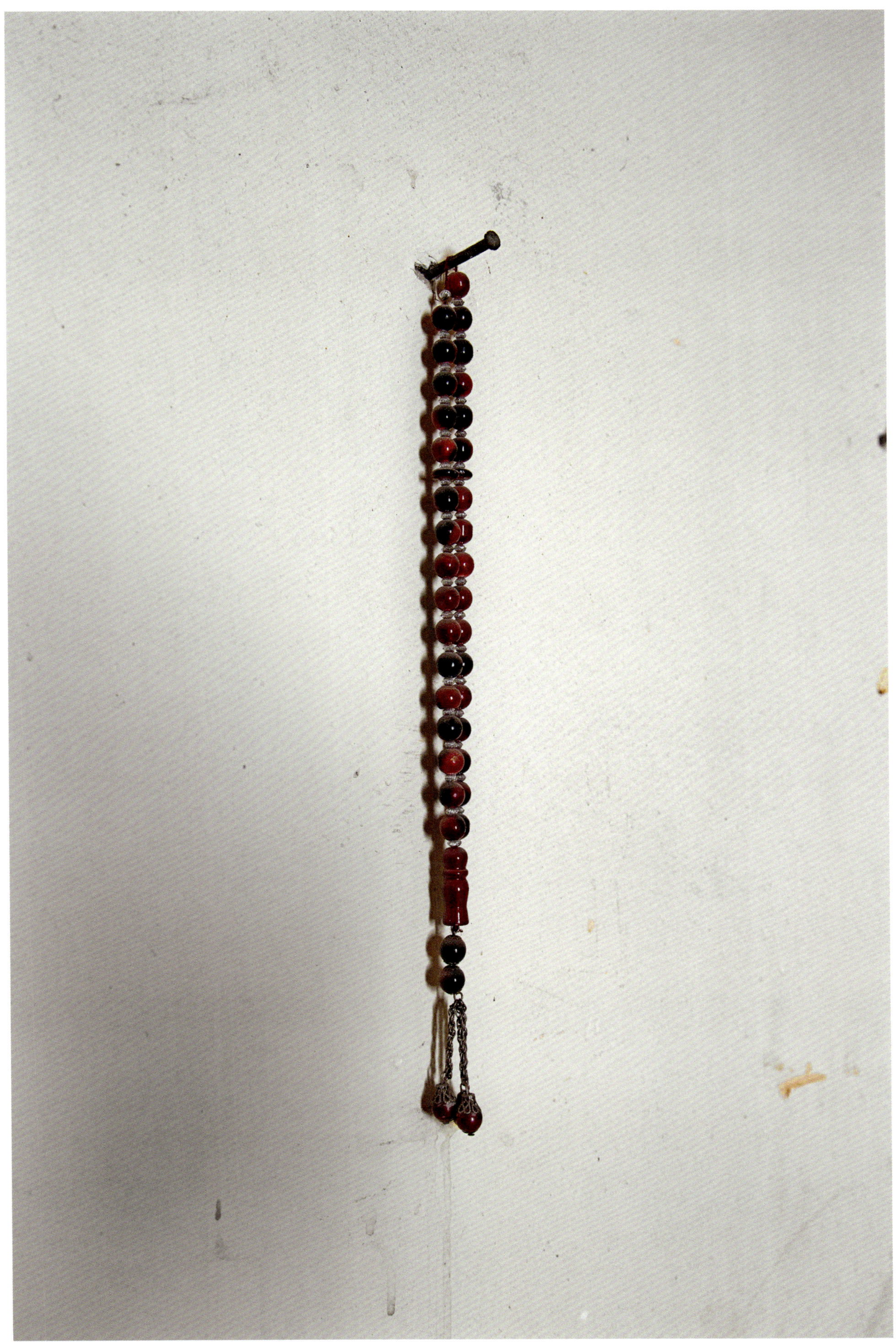

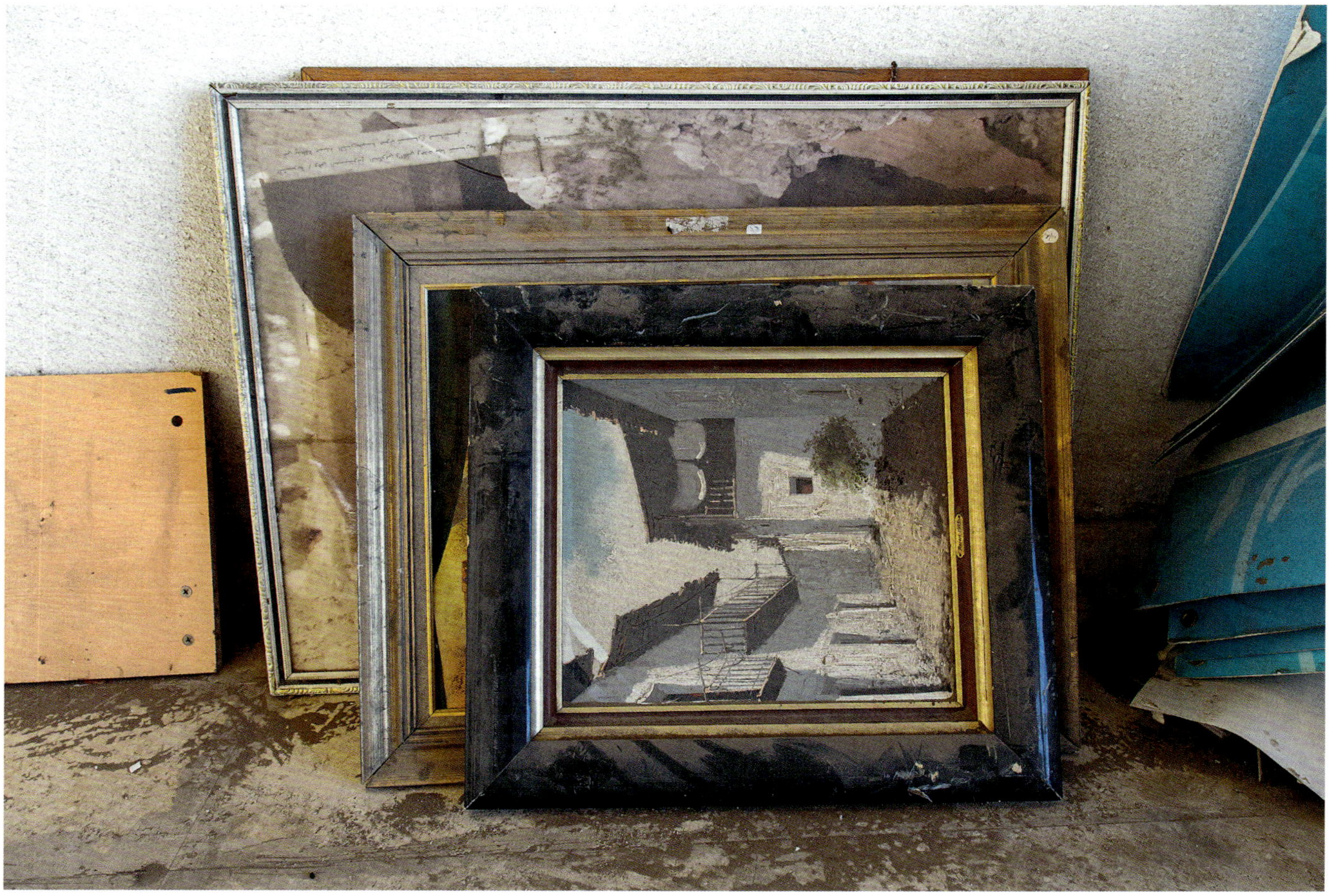

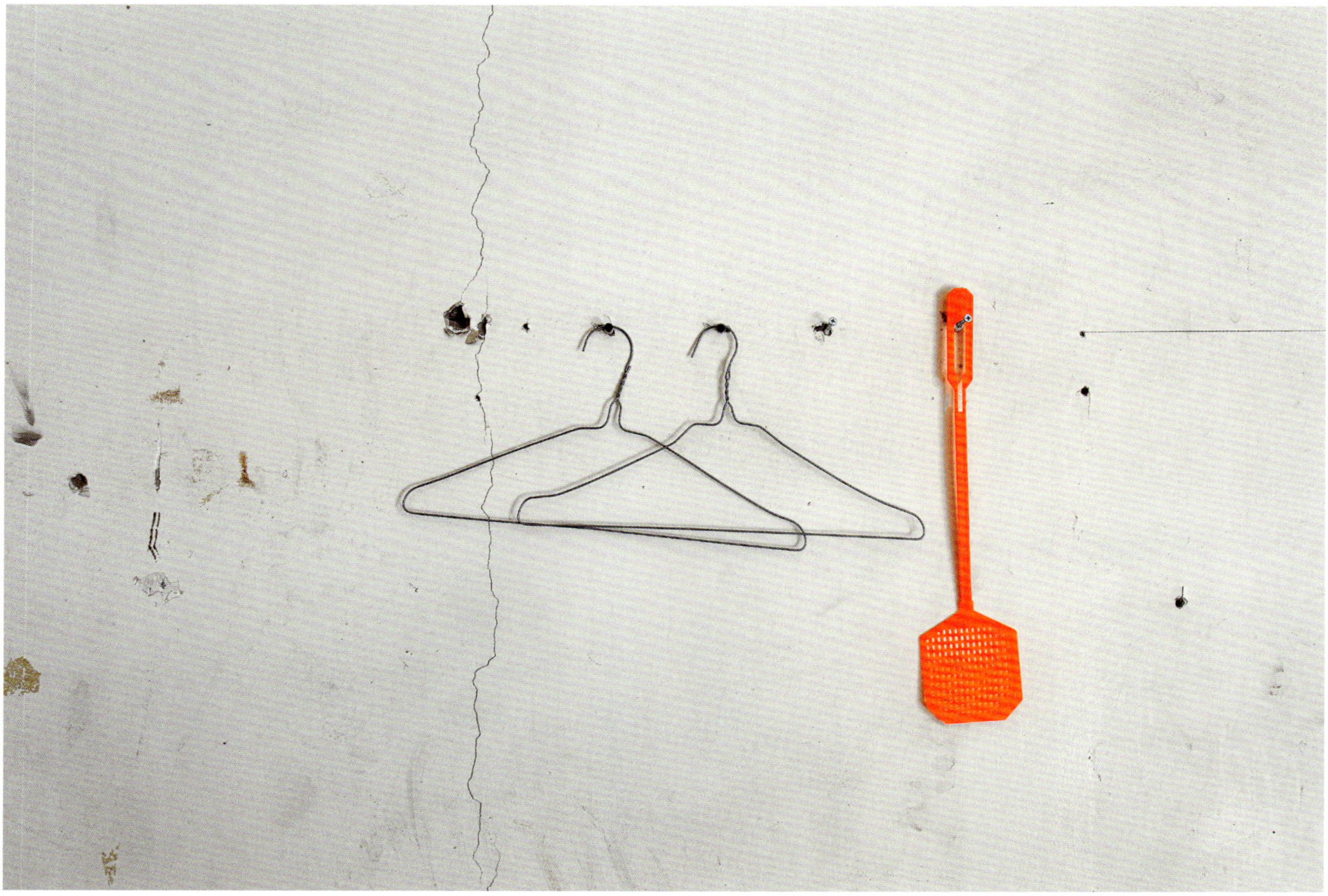

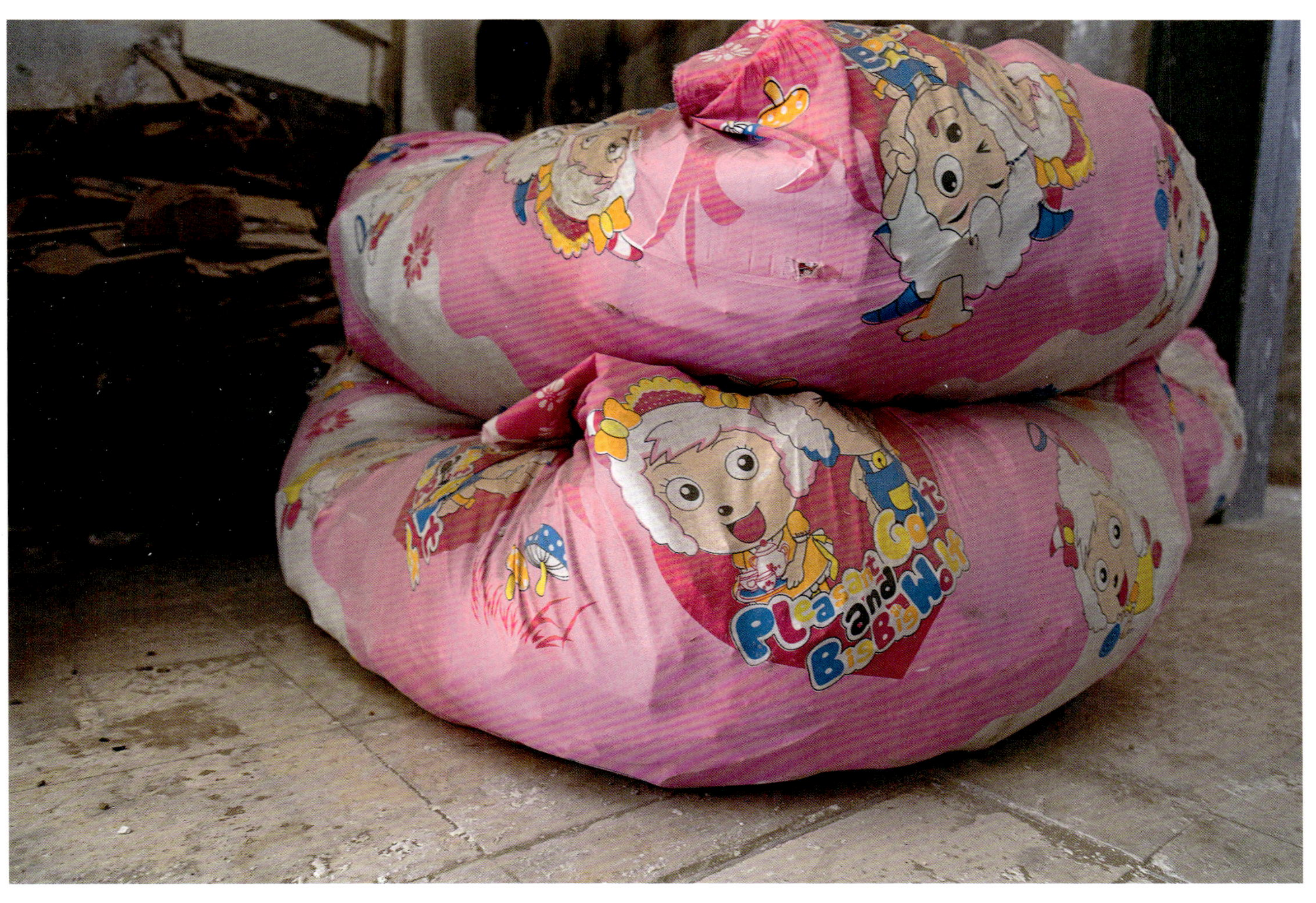
Pleasant Goat
and
Big Big Wolf

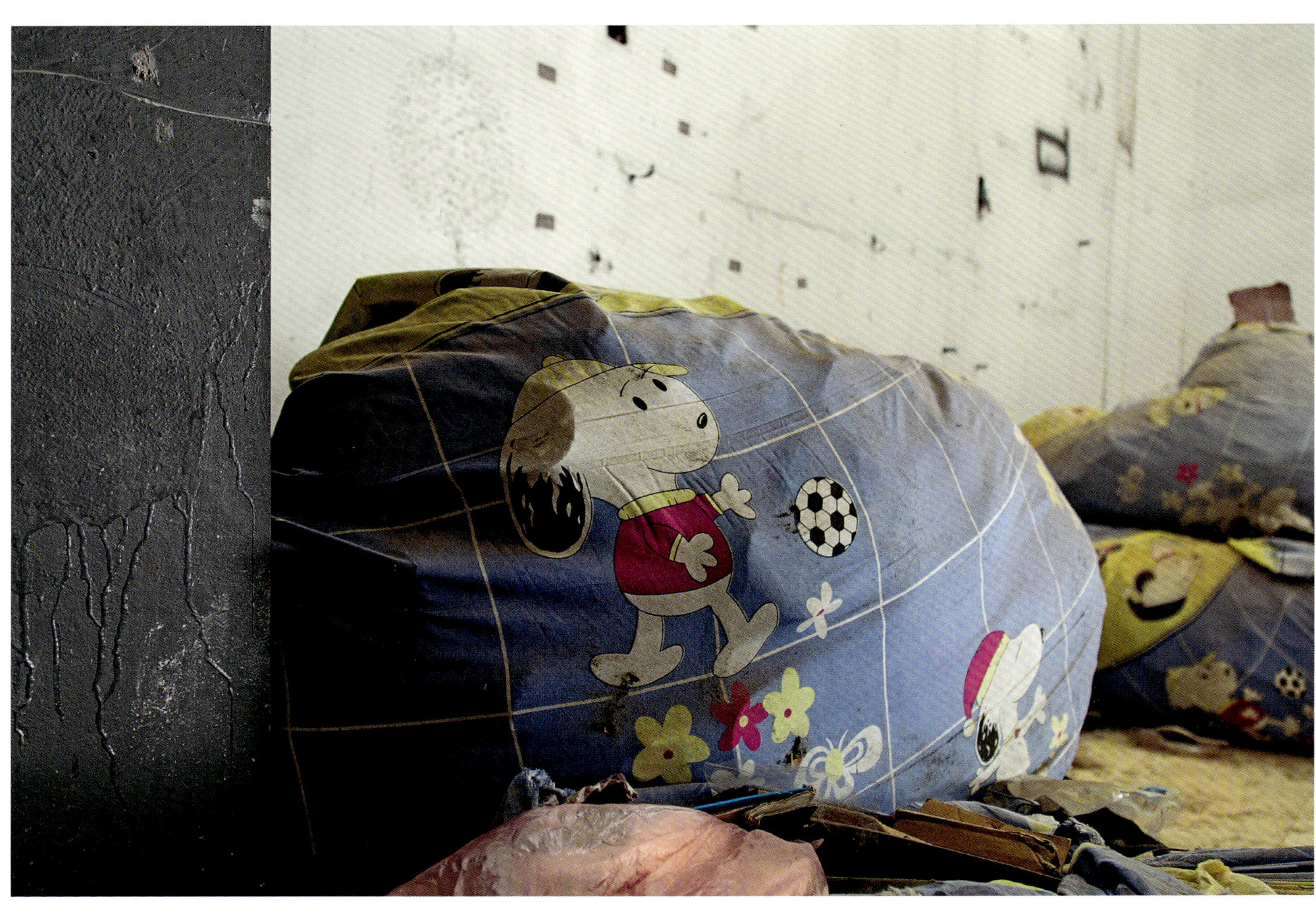

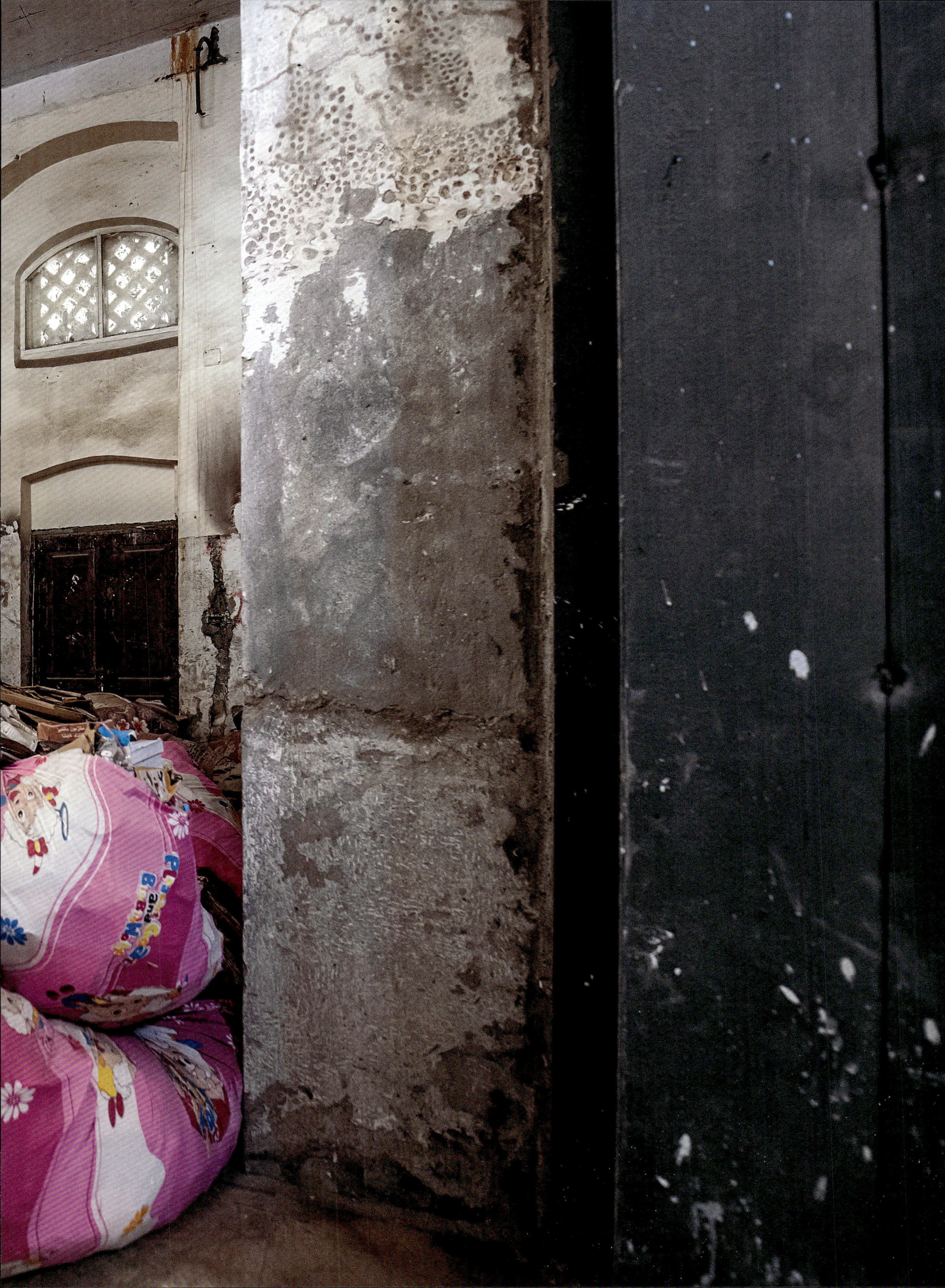

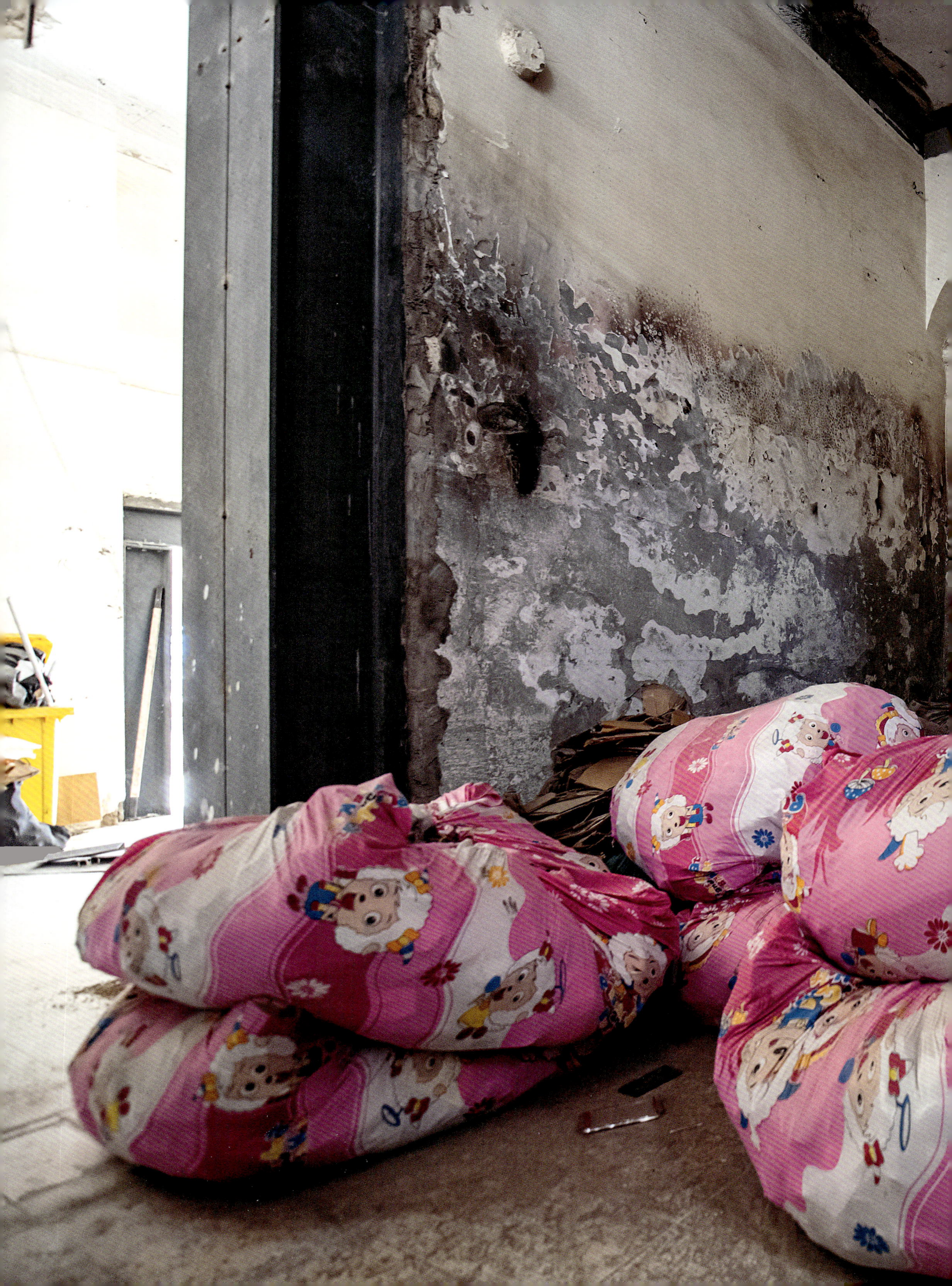

معاذ العوفي

ابـن المدينـة المنوَّرة هـذا، قطـع شـوطاً طويـلاً. عُرضت أعمالـه في فرنسا وبلجيـكا وسويسرا وروسيا والولايات المتحـدة وإنجلـترا وكوريـا الجنوبيـة. لكـن أسـفاره الأبعـد أنجزهـا في وطنـه الأم، العربيـة السـعودية. في المدينـة المنوَّرة أولاً، ثـم في محيطهـا المباشـر، ففي منطقة الحجـاز وفي جميـع أنحـاء المملكـة. وكمـا يلاحظ الناقد الفني مـارك هولبـورن بشـكل صائب في مقدمته لكتاب معاذ العوفي الذي صدر حديثاً بعنوان "نبـوي"[1]: "المدينة المنوَّرة هـي نقطة انطلاق عمله الإبداعـي". إنها أيضاً، وفي الوقـت نفسـه، "المنـزل والإسـتوديو"، كمـا أشـار العوفي إلى ذلك بنفسـه[2].

"كان بإمـكان العـوفي أن يرسـم خارطـة تتعقّـب مناطـق خيالـه"، يكتـب أيضـاً مـارك هولبـورن في "نبـوي". الكتـاب مخصّـص للمسجد النبوي في المدينة المنوَّرة الـذي يضمّ قـبر النبي محمـد - صلّى الله عليه وسـلّم - ويضيـف هولبـورن: "في وسـط المسـجد النبوي الشـريف، غرفـة تتضمـن القـبر. مـن هـذه البقعـة يشـعّ المسـجد والمدينـة إلى الخـارج. وحـول المسـجد وأرضـه المتوسّـعة باسـتمرار، تمتـدّ المدينـة إلى المناطق النائية عند سـفوح التـلال وقممهـا، أو شـرقاً، عـبر حقول الحمم البركانية، في اتجاه الصحاري المركزية للمملكة". حـول الضريـح الذي يحتفي فيه نبي الإسلام - صلّى الله عليه وسـلّم - تفيض الحيـاة، ويزدحـم المؤمنون، وتنتـشر المدينة. ويبدو أن تمركـز مواضيـع اهتمـام المصـوّر قـد فـرض نفسـه عليه منذ بداياتـه.

وفي هـذا الصـدد، ثمـة تفصيـل منـير للغايـة في سـيرته. فبعد عودتـه من أسـتراليا، حيث حصّل عام 2013 شـهادة بكالوريـوس[3]، شـعر العوفي بصدمة ثقافية حقيقية لـدى لقائـه مجـدداً بمجتمـع مدينتـه الأم[4]. ولتلطيـف هذه الصدمـة شـعر بالحاجـة الملحّـة إلى معانقـة الفن، فقرر أن يكـون مصـوّراً فوتوغرافيـاً وأن يكـرّس نشـاطه لمدينته والمنطقـة الـتي تقـع فيهـا. ومنذ البدايـة، تحكّمـت جدلية القريـب والبعيد بمسـعاه الموجّـه نحـو كلّ مـن الحاضـر والماضـي، بمـا في ذلـك الماضي السـحيق.

في أعماله الأولى، "جدران المدينة المنوَّرة" (2016)، كما في "أبـواب برلك" (2017)، يجلي مدينة، يعني مدينته الأم، وهي واقعة في دوامة تحديث محموم، تظهر عليها آثـار التوسّـع المحتـوم. سلسـلة "التشـهُّد الأخـير" (2017) مكـرّسة لتلك المصليات المنتشرة الـتي غالباً ما تتكوّن مـن أربعة جدران وباب، وتتناثر على طول الطرق المؤدّية إلى المدينة المنوَّرة. وهي غُرَف شيّدها محسنون كي توفّر ملجأ آمناً للمسافرين. ولا يسعنا عدم الملاحظة، بانفعال، لبسـاطة العناصر الهندسية الماثلة في هذه الصـور. لكـن بسـاطتها والرزانة الـتي اعتمدها العـوفي في معالجتها لـم تشـكّلا عائقـاً لانبثاق جمالية شخصية للغاية، تتكشّف مـن أقـرب مسـافة من أرضية موضوعهـا.

غالبـاً مـا ينحـرف العوفي بنظـره في اتجاه الماضي، كمـا يفعـل، عـلى سـبيل المثـال، في سلسـلة رائعـة مـن الصـور تحمل عنوان "أهـل بانجيـا" (2018)، وتعـود بنا إلى مطلع التاريـخ بوضعها تحت أعيننا تلك المنشـآت الحجريـة المذهلـة الـتي شُـيّدت منذ تسـعة آلاف عام، وتنتـشر مئـات عدة منهـا عند سـفوح التـلال الصحراوية لمنطقة المدينة المنوَّرة. وقد أعاد اكتشـافها مطلع القـرن الماضي الطيارون الأوائل الذين حلّقوا فوق هذه المنطقـة، لأنها تُـرى بشـكل أوضـح وأفضل مـن السـماء. وهكـذا يقدّمهـا العـوفي لنا. هذه المنشـآت شـيّدتها خلال العصـر الحجري الحديـث تلك الحضارات الصحراوية الـتي لا نعـرف عنهـا سـوى القليـل جـداً. فـلا المؤرّخـون ولا علماء الإثنولوجيا تمكّنوا مـن سبر لغزها. تمتـدّ جدرانها أحيانـاً على مسـافة مئـات مـتر، وتتّخـذ تصاميمها أشكالاً مختلفة. لبنائها، تطلّبت مساهمة العديد مـن الأفراد. مـا كانـت وظيفتهـا؟ هـل كانـت - كمـا اعتُقد لفترة طويلـة، وكمـا لا يـزال يعتقد البعض - مصائد متطوّرة للغـزلان؟ أم مجـرّد أماكـن لـزرب الماشـية؟ أم أسـوار جنائزيـة؟ أم أماكـن عبـادة؟ لا ينحـاز العـوفي لأي مـن هذه الفرضيات. فلديه مقصد آخر: "أريد أن أصدمكم، أن أجعلكم تتسـاءلون، أن أحثّكم عـلى البحث وأن أثـير فضولكم"، يقول الفنان في معرض تفسـيره الصـور[5].

لا يعرض معاذ العوفي في صوره مناظر طبيعية بل الجهود، الكبيرة أحياناً، التي بذلها الإنسان لترك بصمته عليها. هكذا، وضمن انقلاب مدوّخ، يمكننا أن نقول إن العوفي، الذي يعبر في عمله من طرف التاريخ إلى الآخر، يجد نفسه يعالج الموضوع ذاته، سواء تعلّق الأمر بالمصليات المعاصرة لـ"التشهّد الأخير" أو بالمنشآت الملغزة لـ"أهل بانجيا". فجميعها ينتشر في أرجاء منطقة المدينة المنوَّرة، والصور التي يلتقطها العوفي لها تقدّم وجهة نظر فريدة حول إرادة الإنسان لاندماج داخل بيئته الطبيعية ولمواجهة قدره.

هذا الحضور الراسخ للإنسان هو في صلب عمل العوفي. "وجود أو غياب الناس داخل فضاء ما أساسي بقدر هندسته وملامحه"، يقول في كتاب "نبوي"[6] الذي يعكس عنوانه الفرعي "ورع في المدينة المنوَّرة". وهي تشير إلى الأهمية الكبرى الممنوحة للمؤمنين وزوار المسجد النبوي، الذي هو أحد أكثر الأماكن ارتياداً في العالم. وإلى جانب زوار المسجد القادمين من مختلف أنحاء المعمورة، أدرج الفنان وجوه الرعاة الذين يعيشون داخل المناطق الريفية المحيطة بالمدينة المنوَّرة، وشكّلوا موضوع سلسلة جميلة من الصور تحمل عنوان "رعاة العرب" (2017). وحول هذه الصور، أصاب الناقد الفني هولبورن في كتابته: "تحاتّ ملامحهم وطيّات بشرتهم وأحاديد وجوههم دمجها بجغرافيتهم،

فصاروا المكان الذي يعيشون فيه"[7]. وهذا الذهاب والإياب الثابتان، وتلك التطابقات بين البشر والأراضي التي يسكنونها، هي ما يمنح عمل العوفي خصوصيته وأهميته. ينبع التماسك المستشعَر في مختلف صوره من "وحدة المكان" التي يقوم عليها كل عمله، ويعود تجانس هذه الصور إلى الحقيقة أن عرف الفنان كيف يمهّد وتطوّر جمالية تحترم خصوصيات المكان الجغرافي، الذي هو مكانه. ومهما بدا ذلك مفارقاً، فإن التجذُّر المحلي لمعاذ العوفي وتمسّكه بجهويته هما ما يسمح لصوره ببلوغ الشمولية.

الأعمال

- جدران المدينة المنوَّرة، 2016، سلسلة من الصور
- أبواب برلك، 2017، سلسلة من الصور
- رعاة العرب، 2017، سلسلة من الصور
- التشهُّد الأخير، 2017، سلسلة من الصور
- أهل بانجيا، 2018، سلسلة من الصور
- مهلائيل، 2018، فيديو
- ثاد، 2019، أرشيف الصور والفيديو
- نافثا، قصر خزام، 2019، معرض جماعي
- سيبريوم، 2019، سلسلة صور وتركيب فنّي
- نبوي، ورع في المدينة المنوَّرة، 2021، كتاب فوتوغرافي

1 معاذ العوفي (صور فوتوغرافية)، مارك هولبورن (تصميم وتحرير) "نبوي، ورع في المدينة المنوَّرة"، ثاد للفنون، المملكة العربية السعودية، 2021، ص. 21.
2 موقع معاذ العوفي الإلكتروني www.moathalofi.com.
3 حصل معاذ العوفي شهادة بكالوريوس في الإدارة البيئية والتنمية المستدامة من جامعة بوند في غولد كوست، أستراليا، عام 2013.

4 انظر إلى المقال في "إسكواير الشرق الأوسط"، 10 سبتمبر 2021.
5 حوار مع معاذ العوفي لمريم نهال، "سعودي جازيت"، 9 فبراير 2018.
6 "نبوي، ورع في المدينة المنوَّرة"، المصدر المذكور، ص. 267.
7 "نبوي، ورع في المدينة المنوَّرة"، المصدر المذكور، ص. 26.

تم إصدار هذا الكتيّب بالتزامن مع معرض "بوابة البوابات"، الذي أقيم في متحف البحر الأحمر في 2025.

نُشِرَ من قِبَل هيئة المتاحف، وزارة الثقافة، المملكة العربية السعودية ودار سكيرا للنشر.

إدارة المشروع
إدواردو غيتسوني

تنسيق المشروع
هاجر آدم، وزارة الثقافة، المملكة العربية السعودية
إيما كافارّيني، كلاوديا بوديو، إيفا فانزيلّا، دار سكيرا للنشر

الإدارة الفنية
لويجي فيوري

التحرير
فرانشيسكا بوفيتي

تنفيذ التصميم
أنطونيو كارميناتي

الترجمة
أنطوان جوكي

حقوق الصور
© بإذن من معاذ العوفي

نُشِرَ من قِبَل

هيئة المتاحف، وزارة الثقافة، المملكة العربية السعودية
طريق الملك فيصل، البجيري، الدرعية 13711 المملكة العربية السعودية

دار سكيرا للنشر الشركة المساهمة
شارع أنيلو، 18
20121 ميلانو
إيطاليا
skira-arte.com

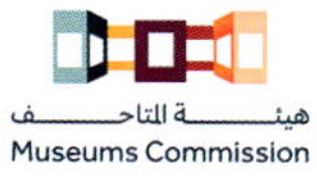

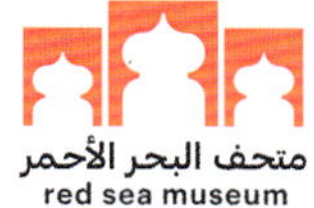

SKIRA

طُبع هذا الكتاب بواسطة شركة غالي ثيري للطبع ذات مسؤولية محدودة على ورق معتمد من FSC®

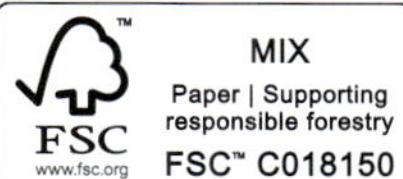

الرقم المعياري لوزارة الثقافة السعودية:
978-603-8481-13-4
الرقم المعياري لدار سكيرا للنشر:
978-88-572-4891-2

يتم توزيع هذا الإصدار في الولايات المتحدة الأمريكيّة وكندا وأمريكا الوسطى والجنوبية بواسطة آرت بوك د.أ.ب.، 75 شارع برود، شقة 630، نيويورك، NY 10004، الولايات المتحدة الأمريكيّة.
كما يوزع أيضًا في أماكن أخرى من العالم بواسطة ثامس وهودسون المحدودة A181 هاي هولبورن، لندن، WC1V 7QX المملكة المتحدة